REPENSER LE MANAGEMENT

*La décision est au centre de tous les défis
et des futurs enjeux*

© 2025 Jacques Martineau

Édition : BoD · Books on Demand, 31 avenue Saint-Rémy,

57600 Forbach, bod@bod.fr

Impression : Libri Plureos GmbH, Friedensallee 273,

22763 Hamburg (Allemagne)

Dépôt légal : Avril 2025

Couverture : © P.RO.COM & l'auteur

ISBN : 978-2-3226-6193-0

Club Espace 21
www.clubespace21.fr

Le Code de la propriété intellectuelle interdit les copies ou reproductions destinées à une utilisation collective. Toute représentation ou reproduction intégrale ou partielle faite par quelque procédé que ce soit, sans le consentement de l'auteur ou de ses ayants cause, est illicite et constitue une contrefaçon sanctionnée par les articles L335-2 et suivants du Code de la propriété intellectuelle.

JACQUES MARTINEAU

REPENSER
LE MANAGEMENT

*La décision est au centre de tous les défis
et des futurs enjeux*

Club Espace 21
www.clubespace21.fr

Un manager est chargé de superviser et de diriger une équipe ou un groupe de personnes au sein d'une organisation. Il est responsable de la mise en œuvre des objectifs stratégiques de l'entreprise, de la gestion des moyens et des ressources humaines auxquelles il doit inspirer dynamique et confiance.

*A mes proches et à tous ceux qui croient encore
à l'importance de l'expérience et de la responsabilité
au service de leur propre engagement et de celle des autres.*

L'auteur

*« Diriger les hommes s'approche plus
de l'art du potier que de celui du forgeron,
c'est la seule façon d'acquérir de l'autorité »*

Bernard Lancan

Sommaire

Avant-propos 13

I – Comprendre avant d'entreprendre 17
I – 1 Retour aux fondamentaux ! 19
I – 2 L'intelligence et ses limites 23
I – 3 La psychologie des relations 27
I – 4 Le système… c'est quoi ? 31
I – 5 Des atouts maîtres 35

II – Des prérequis nécessaires 39
II – 1 La stratégie de l'offre 41
II – 2 Le concept TEAM 45
II – 3 L'interaction multiple 51
II – 4 De l'existence au résultat 55

III – Le capital humain 59
III – 1 Compétence et performance 61
III – 2 Mobiliser toutes les compétences 65
III – 3 La bourse des valeurs 69
III – 4 Choisir des collaborateurs 73

IV – Pour de nouveaux enjeux 77
IV – 1 Penser « l'emploi au futur » 79
IV – 2 Télétravail et Intelligence artificielle (IA) 83
IV – 3 Créativité et innovation 87

IV – 4 Une compétitivité « intelligente » 91
IV – 5 Marketing : opérationnel et stratégique 95

V – Le savoir-être dans l'action 99
V – 1 Le management en question 101
V – 2 Une responsabilité à durée limitée 105
V – 3 Contrôle et maîtrise de l'action 109
V – 4 L'origine des conflits dans l'entreprise 113
V – 5 L'état d'esprit du changement 117

VI – Les conditions de la réussite 121
VI – 1 Le contrat d'objectif ou de résultats 123
VI – 2 Savoir mobiliser pour réussir… 127
VI – 3 Apprendre à manager le temps 131
VI – 4 La notion de service à tout prix 135

VII – L'évolution permanente 141
VII – 1 Entreprise et compétences 143
VII – 2 Des acquis et des progrès à valoriser 145
VII – 3 Une autre relation au travail 149
VII – 4 La communication ou le sang de l'entreprise .. 153

VIII – Les « indispensables » du leader 157
VIII – 1 Du choix à la décision 159
VIII – 2 La recherche de l'efficience 163
VIII – 3 Excellence et élitisme : la grande confusion .. 167
VIII – 4 L'exercice du pouvoir dans l'entreprise 171
VIII – 5 Du management au leadership 177

Conclusion 181

Remerciements 185

Du même auteur 187

Annexe

Supports d'aide à la réflexion et à la présentation

Choix et décision	194-195
Communication	196-197
Comportement d'autorité	198-199
Concept TEAM	200-201
Créativité et motivation	202-203
Existence et performance	204-205
Formation-action	206-207
Gestion des conflits	208-209
Organisation à interactions multiples	210-211
L'outil diagnostic TEAM	212-213
Passage à l'action	214-215
Responsabilité	216-217
Ressources humaines	218-219
Le Système ou la Théorie des Bulles	220-221

Avant-propos

Le pourquoi d'une meilleure façon d'entreprendre

L'objet de ce guide est de vous faire partager les leçons tirées d'une aventure professionnelle et humaine acquise au cours de ma carrière en France et Outre-Atlantique. A partir de mon expérience, de celle de mes proches et de mes amis, je souhaite vous présenter le pourquoi d'une meilleure façon d'entreprendre.

A l'heure où l'intelligence artificielle (IA) envahit le numérique, le regard du monde des affaires et du management se trouve perturbé. Déjà le télétravail a du mal à trouver sa place. L'espace solitaire et l'absence de contacts entre collaborateurs sont un handicap croissant qui va s'opposer au gain espéré par cette révolution numérique de l'intelligence artificielle. Il importe de ne jamais oublier que c'est l'Humain qui prédomine. Sous réserve d'avoir une réelle stratégie, l'écoute, l'échange de personne à personne(s), la participation, la responsabilité et la décision sont et demeureront les clés de la réussite.

C'est pourquoi, je souhaite vous amener à repenser le management autrement en attirant votre attention sur des points essentiels sous forme d'explications ou de conseils. Chaque thème est composé de modules « courts » correspondant aux sujets traités. A chaque question relative aux thèmes et aux sujets abordés, il existe des réponses et des solutions, sous formes de modèles et/

ou de recommandations. L'ensemble du texte est accompagné de séries d'outils et de schémas, transposables pour une projection. Il s'agit d'une aide à la présentation et à la réflexion.

J'attire votre attention en portant un regard particulier, sur ce que j'appelle le « groupe restreint ». C'est-à-dire les acteurs proches. Ceux qui travaillent avec vous et avec lesquels vous êtes en relation permanente. Ce sont ces femmes et ces hommes, responsables qui jouissent d'un savoir-faire et de l'expérience nécessaire pour assurer le fonctionnement de l'entreprise au sens large. Ils sont qualifiés, déterminants pour assurer le dialogue, la communication dans l'action. Ils servent de relais pour les messages dans les « deux » sens. Au quotidien, le rapport dans le travail se limite principalement à un « groupe restreint » de personnes jouant des rôles différents et essentiels : appartenant à la hiérarchie, responsables, collaborateurs ou subordonnés.

Le « groupe restreint » est assimilable à une « unité de travail ». Il prend le dessus. C'est la référence du manager au quotidien. Ce constat non contestable vous concerne quelle que soit votre fonction dans une grande, moyenne ou petite entreprise, administration, institution, organisation ou association, du public et du privé. Aucun secteur d'activité n'y échappe. En conséquence, les approches et les solutions vont se ressembler quelle que soit la taille, la nature, l'organisation, les missions et la raison d'être de l'entité. A tous les niveaux de la base au sommet et à l'inverse, à tous les échelons, les clés de la réussite se résument très souvent à la maîtrise du management et de la relation aux autres. La notion de taille de la société ou de l'organisation va s'effacer dans les comportements et dans les faits. C'est la qualité de l'ambiance et l'état d'esprit du « groupe restreint » qui vont devenir déterminants.

Un manager est responsable à la fois devant sa hiérarchie et ses collaborateurs. Il est confronté dans son action en permanence au savoir-être vis-à-vis de ses proches et de l'ensemble des autres personnes dont il a la charge. Derrière un tableau idéal, dans les faits, le manager va rencontrer des conflits d'intérêts, des querelles de personnes, des situations inattendues auxquelles il doit faire face avec franchise et efficacité. Il écoute, consulte, informe, explique, justifie, arbitre, accepte, refuse, choisit, récompense, etc.

Dans son action, le manager doit rappeler les objectifs, les résultats attendus et les moyens : matériels, techniques et financiers mis en place. Il décrit avec soin l'organisation et son pourquoi ; la raison de la structure ; les fonctions et responsabilités de chacune et chacun, en rapport avec leur expérience, leur capacité et leurs compétences. Sur le papier cela paraît évident. Dans la pratique, ça n'est pas simple du tout. Faut-il déjà que le manager le sache, qu'il en ait conscience. Cela lui permettra d'anticiper. L'improvisation n'a pas sa place.

Les résultats représentent pour tous, acteurs, manager et hiérarchie, la finalité des efforts consentis pour la satisfaction du client ou du donneur d'ordre dans le cadre des missions de l'unité et de l'entreprise. Les résultats ne doivent pas être obtenus à n'importe quel prix au sens propre, comme au sens figuré. L'efficacité ne suffit pas. C'est l'efficience qu'il faut rechercher. La problématique se complique. Comment comprendre l'interaction multiple pour s'affranchir des obstacles entre les organisations fonctionnelle, opérationnelle et par projet. La concurrence interne entre équipes ou responsables, les délais induits, les mauvais choix, le temps perdu en réunions inutiles, l'indécision, sont autant d'obstacles à surmonter.

Les données de la réussite pour entreprendre ont changé de manière progressive parfois précipitée. Cet élan vers un futur, pressenti mais toujours indéfinissable est irréversible. La richesse d'une entreprise ne se mesure pas uniquement en termes de chiffre d'affaires, de marge brute, d'autofinancement, de capacité numérique, d'images, et de statistiques. Si elle se reconnaît par la qualité de ses résultats, la satisfaction de ses donneurs d'ordre et de ses clients, elle s'apprécie surtout à la valeur et au dynamisme des femmes et des hommes qui la composent ainsi qu'à l'aptitude de ses dirigeants à faire fructifier ce capital humain. Et le reste suit en général…

Diriger, mobiliser, motiver, demeurent les premiers devoirs des dirigeants, des responsables et intermédiaires à tous les échelons. Ce savoir-faire correspond à une connaissance du métier et de son environnement, à une expérience acquise sur le « terrain », par du vécu, une remise en cause et de la formation. C'est surtout un état d'esprit et un comportement en expliquant les raisons des choix et les décisions. Il convient d'instaurer un climat de confiance et de respect, pour un travail en équipe dans un but commun et en privilégiant la relation interpersonnelle et la communication.

La prise de responsabilité ne garantit pas le succès du pressenti. Le pouvoir conféré en rapport avec l'image perçue s'affranchit très vite du titre, du pouvoir de position et d'une compétence par attribution. Ces accompagnements ne suffisent pas pour s'affirmer. C'est encore une fois dans l'action que manager sera jugé. De la confirmation de cette réussite va dépendre son devenir en tant que leader.

Repenser le management du réel s'inscrit dans le choix de cet ensemble de thèmes et de sujets qui sont abordés et traités pour améliorer l'appréhension des difficultés, des conflits, des solutions et des perspectives. Sans nier l'apport non contestable de l'intelligence artificielle, trop souvent les problèmes se posent en termes de survie. C'est donc ensemble en termes d'adaptation, d'anticipation qu'il appartient de les résoudre. Il faut accepter de reconnaître ses propres erreurs, de s'attacher au dialogue et de communiquer. On ne peut pas ignorer le passé, ni renoncer au changement. A chacune et à chacun de s'en persuader. C'est pourquoi une meilleure façon d'entreprendre avec le concours de toutes et de tous vous sera d'une grande utilité, car l'échec en la matière n'est pas une fatalité.

Jacques Martineau

I

Comprendre avant d'entreprendre

I – 1

Retour aux fondamentaux !
Faut-il encore en reconnaître le besoin…

L'entreprise poursuit son progrès suivant la nature de ses activités, sa localisation, le type de travail, le niveau et la qualité de ses collaborateurs. L'entreprise est devenue adaptative aux derniers gadgets technologiques et du numérique, elle doit néanmoins ne jamais oublier le retour aux sources…

Le rappel des fondamentaux

La direction d'une société, d'un département ou tout simplement d'une unité ne s'improvise pas. Contrairement aux affirmations actuelles, les conditions de la réussite ont peu évolué. Le management et l'organisation du travail sont là pour aider les responsables à mobiliser leurs équipes autour d'objectifs clairs expliqués et partagés avec le personnel en leur en fournissant les moyens. Du management au leadership, la responsabilité ne prend tout son sens qu'au gré de l'expérience acquise.

L'écoute et le partage font partie des données préalables au passage à l'action. Les domaines d'action sont à la fois internes et externes à l'unité dont le responsable a la charge.

Domaines internes à revisiter

Le domaine fondamental concerne en priorité les « femmes et hommes » qui composent l'unité. Il doit occuper la majeure partie du temps du manager. A ce titre, en charge d'assurer la communication dans l'entreprise, il gère en amont l'organisation de l'ensemble du personnel présent ou affecté au télétravail. Il suit la mise en œuvre des moyens matériels indispensables, du numérique, de l'informatique à l'implantation de l'Intelligence artificielle. Il contrôle la gestion financière, de la prévision aux résultats.

Au quotidien, Il écoute, consulte, informe, explique, justifie, partage, accepte, refuse, choisit, stimule, récompense et résout les conflits… C'est un rassembleur qui veille à assurer la mise en place des collaborateurs, développe l'esprit d'équipe et assure la communication interne au travers de discussions et de réunions de travail avec l'ensemble des groupes de salariés. Dans tout système structuré, il entretient les liens indispensables avec les responsables des niveaux, intermédiaires et transversaux, et avec sa hiérarchie.

Quel que soit la nature du travail, produit de série, prototype, haute technologie, mesures de précision, numérique, recherche, création et innovation, étude de projet majeur, enquête spécialisée, etc. Le responsable se doit de suivre et de maîtriser, au travers d'une organisation sur mesure, l'ensemble de la chaine jusqu'au contrôle final de la qualité en rapport avec le cahier des charges de la commande du client.

Domaines externes à ne pas oublier

Les autres domaines, ouverts par définition sur l'extérieur, touchent à la communication, au commercial, aux contacts avec la clientèle, les fournisseurs, les sous-traitants et la concurrence, attentif aux nouveautés et aux progrès.

Les relations avec le client, partenaire actif, se doivent d'aller très au-delà de l'aspect mercantile de la transaction. La relation client-entreprise est un domaine-clé qui nécessite une écoute réciproque qui ne tolère pas le faux pas. C'est la responsabilité entière du manager. A l'inverse ce dernier se trouve en position de client eu égard à ses différents sous-traitants, veillant à se prémunir contre un minimum de déconvenues.

La concurrence est aussi un domaine essentiel qu'il appartient de ne pas négliger dans un marché ouvert à l'étranger et au « Net ». Elle représente à la fois un danger, une garantie et un stimulant au progrès. La mesure du comparatif se ressent à la fois sur le marché et dans la satisfaction du client. L'innovation, la qualité, le délai de fourniture et le coût sont des paramètres qui justifient les écarts entre sociétés sur les mêmes créneaux.

A moyens égaux, la différence entre l'efficience et l'efficacité peut contribuer à réduire les écarts de façon significative et assurer la performance. Au-delà, ce serait d'une remise en cause qu'il faudrait parler...

I – 2

L'intelligence et ses limites
A ne pas confondre avec la compétence

Comment faire face à l'actualité et aux crises ? Les politiques, les hauts responsables publics et privés sont amenés à chercher à s'entourer de compétences, pour faire face à tous ces défis, anticiper, gérer et administrer et surtout avoir des objectifs et les atteindre. L'origine et le niveau de ces collaborateurs potentiels sont les conditions initiales, déterminantes qui vont concrétiser leur choix. Une donnée fondamentale fausse le « jeu » : la référence, c'est l'intelligence. Ce critère est insuffisant, mais trop de décideurs finissent par s'en contenter. La compétence ne se résume pas à cette simple appréciation. Le niveau de connaissance, d'expérience, les résultats acquis et la relation aux autres sont des atouts indispensables qui contribuent au qualificatif d'excellence.

Trop vite un certain nombre d'entre eux seront promus et vont occuper des postes importants de responsabilité. Dès lors, ils sont considérés comme des dirigeants, présents partout dans les cercles proches des pouvoirs du public ou du privé. En général la connaissance du terrain n'est pas leur meilleur atout. C'est la réussite de l'échec pour le décideur.

Les critères de choix

Entre le public et le privé les critères de choix de candidats de haut niveau obéissent aux mêmes règles de recrutement. Dans les grands ensembles, dans la haute administration, les DRH, les experts, les chasseurs de tête, passent une partie importante de leur temps à alimenter la source du recrutement pour pallier les départs, les manques ou les besoins de développement de l'organisation. *A priori* peu d'exécutifs *ad hominem* participent à ces recherches, excepté pour certaines élites particulières dont ces pouvoirs ont la responsabilité directe.

En référence aux besoins à satisfaire, c'est-à-dire, ceux du ou des demandeurs dans l'entreprise ou dans l'institution, le choix se fait après de multiples entretiens, sur les performances du candidat, son aptitude à occuper la fonction. Avec ou sans expérience, le choix doit être basé sur le principe de la méritocratie. Plus encore, l'expérience et les acquis professionnels sont des éléments déterminants pour le choix. Les critères définitifs doivent tenir compte en plus des relations personnelles, des appuis, des réseaux, comme des engagements de toute nature actuels et passés.

Par principe, l'obsession du mieux et du meilleur est le fil conducteur de la démarche de recrutement pour les plus jeunes. Pour un petit nombre, une approche atypique, plus originale les conduit à faire valoir leur esprit d'initiative, leur créativité et leur capacité d'innovation. Ces atouts leur permettent de se faire remarquer, d'accéder plus vite à des responsabilités.

Certains recruteurs professionnels insistent sur des critères de choix qui favorisent les facteurs intrinsèques, liés à l'origine, à la qualité de la formation et la compatibilité avec l'image du milieu ambiant. D'autres sont attachés aux facteurs extrinsèques comme la méritocratie, tenant à la personnalité, au savoir-faire, à l'expérience, à la relation aux autres et à la connaissance du terrain. Parfois les deux, c'est mieux en rapport avec le besoin, mais dans la pratique, c'est loin d'être le cas.

Culte de l'ego et l'individualisme

Les qualités humaines et l'esprit d'équipe se perd dans une course à la réussite individuelle. A l'image des anglo-saxons, l'admiration de l'autre se juge sur la référence à l'*ego*. Cet épanouissement individualiste est encouragé et mis en exergue par le contexte, la position et la médiatisation.

Dans toutes les grandes structures qu'elles soient publiques, privées et administratives, on ne compte plus le nombre de directions avec leur multitude d'états-majors, composée d'assistants, de conseillers, de délégués et de chargés de mission, de « bon à tout faire », de porte-parole ou de « porte-serviette ». Le privilège d'exister ne se mesure plus, surtout quand il est associé à un titre composé d'attributions, en fonction de la hauteur de l'étagère. Les nominations surimprimées d'un qualificatif du type « *attaché au..., contrôleur des... ; correspondant plénipotentiaire de... ; haut-commissaire à..., etc.* », font fureur. Ces distinctions suscitent le regard d'autant plus qu'elles sont influencées par la proximité du pouvoir décisionnel. C'est la meilleure des flatteries pour un nouveau promu. Par définition et pour protéger leur image, ces individus ont peur de déplaire. En cas de manquement, ils cherchent par tous les artifices à ne pas montrer leur incapacité d'agir dans un contexte déterminé. Ces manques sont ignorés et la plupart du temps demeurent sans conséquences.

Expérience et formation priment dans l'action

Les réservoirs de ces responsables confirmés de tous niveaux existent. Récupérés en cours de carrière, ils bénéficient d'une expérience reconnue. Ils constituent la racine intelligente et solide de la véritable élite. Pourquoi les ignorer ? L'enjeu est de taille. Il faut investir en masse dans des formations, scientifique et technologique, numérique, entre autres, favoriser et valoriser le corps enseignant, les chercheurs et les innovateurs. L'offre de débouchés à tous les niveaux existe d'autant plus crédible que si tous les secteurs de la vie économique, universitaire et industrielle étaient impliqués vers un acquis concret de connaissances indispensables pour un métier. Les atouts du progrès et de la promotion passent d'abord par l'ancienneté, les résultats obtenus par le passé dans l'action. L'esprit d'équipe est indispensable. C'est le seuil indispensable à franchir pour accéder aux responsabilités.

A partir de l'intelligence, essentielle mais insuffisante, sont considérés comme les seuls réels avantages : la connaissance, l'expérience, la compétence, jugée au regard les résultats acquis sur le « terrain », la relation aux autres et le souci permanent de la performance.

I – 3

La psychologie des relations
*Une présence de tout instant
dans l'échange…*

Depuis toujours les personnes qui communiquent, vivent ou travaillent ensemble, le font dans un contexte hiérarchisé, « réel » ou « virtuel ». Ce contexte avec le milieu qui l'entoure constitue avec son passé la signature du « système ». Ce « système » est apprécié au travers des relations psychologiques individuelles ou collectives qu'ils entretiennent.

Quel que soit le sujet abordé, à l'instant de l'action, concrètement, vous vivez une « aventure », liée à la survie de votre personnalité dans un rapport de force permanent avec vos semblables et vos interlocuteurs. Vos faits et gestes, vos paroles et vos actes, vos réactions et vos émotions sont observés, évalués et jugés. Ces innombrables comportements, vécus par votre entourage, traduisent votre degré d'adaptation au « milieu » dans lequel vous évoluez. C'est à se demander si la psychologie des relations a encore un sens. Pourtant un simple regard attentif en dit long sur la face cachée des intervenants !

Un domaine particulier et permanent

Nous entrons ici de plain-pied dans le domaine de la psychologie des relations qui, dans le contexte où vous vous trouvez, peut être le point de départ d'un processus de modification du comportement. Parler de psychologie dans la vie active, entreprise, société et politique, entraîne inévitablement des attitudes de rejet. Les problèmes psychologiques dès lors qu'ils sont personnalisés sont trop assimilés à une source de danger pour l'équilibre du « système ». Il se crée souvent un « mur du refus » qui traduit des comportements de défense liés à la peur du risque de la relation. A l'origine de ces attitudes, nous retrouvons, la compétition de l'*ego,* les rivalités d'influence, les luttes de pouvoir, les domaines privés et la proclamation d'intérêts divergents.

Ces écarts psychologiques touchent tout milieu, social, culturel, professionnel. Cet état d'esprit se retrouve avec acuité dans les milieux scientifiques, techniques, économiques et financiers chez des personnes qui font partie de l'élite. Les journalistes et les éditorialistes, les acteurs et les écrivains, comme les politiques et les « nantis » de notre société sont confrontés aux « autres » en permanence et potentiellement en concurrence entre eux. Il est triste de constater que la plupart de ces personnages, qui veulent s'afficher avec une « grande culture » apparente font trop souvent preuve d'une inculture psychologique désastreuse. Leur seul souci demeure de sauver et/ou de renforcer leur « image ».

Les situations caractérisent les comportements psychologiques

On peut citer : juger sans connaître, rejeter sans s'informer, ignorer volontairement, ne pas décider ou le faire arbitrairement, privilégier certains aspects d'un problème au détriment de la vérité. L'environnement, le milieu, les circonstances et la personnalité comme la qualité des personnes en présence, sont à l'origine de série d'écarts psychologiques dont on ne mesure pas toujours les conséquences. Avec le souci permanent du paraître pour la plupart de nos interlocuteurs, il existe une multitude de jeux de position dont il est fait usage. L'origine, le métier, l'argent, l'intérêt, les complexes d'infériorité ou de supériorité, la vérité ou le mensonge nourrissent la panoplie et altèrent la communication. C'est là que la maîtrise de la psychologie des relations qui joue un rôle essentiel et affiche son caractère multidirectionnel.

Une autre forme indirecte de rejet de la psychologie des relations consiste à n'en reconnaître l'intérêt et la valeur que pour les « autres » ! Chacun sait que la psychologie nécessite de changer soi-même, sans quoi il n'est pas possible de provoquer le changement et une ouverture d'esprit. Comprendre, se comprendre, transformer ou être transformé font partie d'un même processus. Il est vain et inopérant de prétendre faire preuve de psychologie sans s'impliquer soi-même dans l'action. Dans la pratique, deux comportements émergent : l'un, le désengagement qui conduit très vite le responsable, ou celui perçu comme « tel », à devenir un observateur neutre, partisan du laisser-faire ; l'autre, la tendance dirigiste qui censure l'activité et l'expression individuelle ou collective, soumise à l'expression exclusive de celui qui s'affuble de l'habit psychologique de « pseudo-leader ».

Respect et confiance en l'autre pour favoriser l'échange

À tout moment, il faut être en mesure de s'interroger sur le savoir-être en relation. C'est ce type de comportement et d'attention qui peut favoriser le contact et inciter au dialogue. Il est important de distinguer le « face à face » de l'expression en public, comme de la participation à des discussions et à des débats sur des sujets variés, dans des contextes différents. Bien se maîtriser est toujours apprécié par les partenaires comme une incitation au dialogue. La psychologie des relations, c'est avant tout un rapport à l'autre et aux autres multidirectionnel avec respect et confiance. Aussi bien dans l'entreprise, au plan social et économique, dans la presse et les médias, c'est un exercice difficile.

Ne parlons pas des milieux politiques ou de nos « élus » comme nos dirigeants au « pouvoir », leurs attitudes psychologiques, suivant le contexte des propos, seront toujours sujettes à de nombreuses remarques qui peuvent être aussi pertinentes. La liste est sans fin. Même s'il ne s'agit que d'une minorité d'individus, de dirigeants d'entreprises, responsables hiérarchiques, de femmes ou d'hommes politiques au pouvoir, ils sont à la « Une » de l'actualité et des médias. Confondant « humour » et « railleries », les médias sont de la partie. Quelques journalistes « politiques » et certains « pamphlétaires amateurs » leur emboîtent le « pas » en se régalant dans une « comédie humaine insensée » où l'avenir de la France n'est pas à l'ordre du jour. Tous n'ont pas le talent ou le professionnalisme d'un *« Canard enchaîné »* mieux informé…

Trop souvent et surtout en période difficile, économique et sociale, voire électorale, le mépris, les moqueries, les suffisances, les humiliations et les caricatures desservent en continu les relations à tous les niveaux et partout. Le danger de ces comportements n'est pas mesurable, mais il n'est pas sans conséquences.

I – 4

Le système… c'est quoi ?
Un aperçu de la réalité du vécu proche du pouvoir

Arrive un moment où faute d'arguments ou d'explications chacun d'entre nous s'ouvre une porte de sortie en évoquant le « système ». Mais de quoi s'agit-il ? Le « système » est un espace clos dans lequel vous vivez, vous travaillez et vous agissez et auquel vous êtes censé appartenir. Ce système est lui-même contenu dans autre système de niveau supérieur, et ainsi de suite. Le tout est assimilable à des ensembles de « poupées gigognes ».

Un système a ses propres contraintes et ses propres règles. Par définition, chaque système dépend directement de son système enveloppant qui est le seul à transmettre l'information, donner les ordres et rappeler les consignes pour suivre l'esprit de la « pensée unique » et imposée une ligne de conduite.

Le mythe de l'insaisissable au service du système

Les contingents d'élites au féminin et au masculin, du haut de leur propre étagère, n'ont pas la même appréciation du phénomène et de ses effets. Personne n'ose s'en plaindre par crainte d'un retour de bâton. Chacun s'en accommode compte-tenu de tous les avantages et les privilèges attachés à sa fonction. Aux ordres du système, l'ensemble s'y réfèrent avec un dogmatisme qui interdit la mise en cause de leurs annonces et de leurs affirmations. Les quelques-uns, hors du système, qui survivent et dont le talent est reconnu, s'en plaignent en silence.

Indiscernable, insaisissable, incontournable, omniprésent, le système n'est pas un concept vide. S'il est difficile de l'identifier dans le milieu, tout le monde en parle et en subit les méfaits ! La meilleure preuve de son existence s'exprime dans un vocabulaire commun souvent désabusé : *« c'est le système qui veut ça, on n'a pas le choix ; on ne peut pas gagner contre le système ; il est inutile de s'acharner, cela n'en vaut pas la peine ; il fait partie du système... »* Ces phrases au premier degré banales traduisent un découragement qui finit par détruire l'esprit d'équipe et démotiver une partie des élites laborieuses.

Les principales caractéristiques à prendre en compte

Le système est caractérisé par la « pression interne » qu'il génère dans toute organisation, haute administration publique, grande entreprise publique ou privée. La qualité et l'expérience des dirigeants à la tête de ces entités est un facteur fondamental qui contribue à la pression du système. Obéissant aux protocoles, aux coutumes et aux habitudes les plus élémentaires, cette pression dépend du type d'activités, de leur variété et de la santé de l'ensemble.

Parmi les autres contributeurs à sa variation, le statut de l'entité, de ses origines, de ses fondateurs, du passé, de l'histoire, de sa taille, de son impact, du dialogue social et de tous ses acteurs, femmes et hommes qui la composent de la base au sommet. Au présent et en perspective, les variations des situations, financière, économique et sociale, impactent l'atmosphère au travail et influent sur le système. Seule la performance permet de faire baisser la pression. Cela est dû à la qualité des résultats obtenus pour satisfaire les donneurs d'ordre, les clients et l'esprit d'équipe entre les responsables et les salariés. Un défi permanent à relever. Pour le politique au pouvoir les difficultés sont permanentes. Son seul moyen, dont il a tendance à abuser, consiste à faire des promesses et prendre des engagements face à une opinion publique partisane et divisée qui perd aussi la mémoire.

La montée de la pression du système entraine un « repli sur soi »

Ce mal profond est généralisé. Aucun milieu n'y échappe : politique, patronal et syndical, de la haute administration, des services publics de l'État, des multinationales, des très grands groupes, mais aussi des entreprises de toutes tailles, y compris les petites.

Les conditions de travail, l'ambiance, l'intérêt dans l'action contribuent à la motivation de l'ensemble. La relation avec hiérarchie intermédiaire et les autres collaborateurs est essentielle. La concurrence et les conflits contribue à faire monter la pression comme les mauvaises nouvelles ou l'absence d'information.

On souffre aussi de la même mentalité des intouchables, imbus d'eux-mêmes, seuls détenteurs de la vérité. Leurs titres et la proximité du centre de décision les rassurent. Ils tentent et parviennent souvent à impressionner leurs interlocuteurs. Le comportement se résume à un dédain et à un mépris pour quiconque ose les contredire. Les collaborateurs et salariés en subissent les conséquences. C'est par un repli sur soi, dans un certain isolement, qu'ils finiront par tenter de supporter la pression, jusqu'à la génération de conflits.

Quoiqu'il en soit, ne jamais oublier que par définition le « patron » a toujours raison. Il faut l'admettre. L'image perçue peut être différente. Mais à chaque niveau, aucune personne qualifiée de responsable ne peut prétendre se trouver à sa place en toutes circonstances. Dans le doute, son comportement fait partie du système. Dans tous les cas, dans un premier temps, il faut s'en ac-

commoder, savoir attendre et se mettre en retrait avant de réagir. Quant au « patron » lui-même son intérêt est de faire baisser la pression du système. C'est là qu'il doit se comporter en véritable manager pour restaurer la confiance : communiquer, écouter, convaincre et décider...

I – 5

Des atouts maîtres
La véritable richesse pour entreprendre…

Les femmes et les hommes qui font partie de l'entreprise créent sa richesse. Ils en constituent la force. Ils ne doivent pas être considérés comme un coût, mais comme un investissement. Ce sont les atouts maîtres de l'entreprise.

Une force collective à entretenir et à développer

Tous en représentent une force collective. Le système d'éducation secondaire, de formation professionnelle et supérieure est encore une référence même s'il y a des marges de progrès possibles. La bourse des valeurs des ressources humaines est dans les faits un immense marché représentatif du capital de savoir-faire et de savoir être de notre société. Par analogie avec le marché financier des valeurs mobilières, la loi de l'offre et de la demande s'applique parfaitement, surtout sur le marché externe. Les besoins de l'individu et de l'entreprise varient au cours du temps. Ils ne sont pas antinomiques. Rôles et intérêts mutuels ne sont pas indissociables.

Le maintien du pouvoir d'achat, la juste récompense et le souci d'amélioration constituent un lien de complicité avec l'entreprise dans un but commun de réussite. La nouvelle identité culturelle et les aspirations des jeunes individus privilégient sans équivoque l'autonomie et l'initiative. Ce qui n'affecte en rien l'esprit d'équipe à développer ou à entretenir. Cette évolution d'appréciation des mentalités, associée à une volonté déclarée et à un profond changement d'attitude de la classe dirigeante, doit être une véritable révolution. Ceci signifie un réel retour aux sources et aux valeurs fondamentales de l'entreprise. C'est un patrimoine qu'il faut préserver. La recherche d'un équilibre stimulant et dynamique ne doit pas être considéré comme une utopie, mais au contraire comme un objectif permanent prioritaire à satisfaire.

Les atouts du progrès

Les clés de la créativité, de l'innovation, de la qualité, par là-même de la productivité et de la compétitivité passeront par une éducation « socle », une formation ciblée et surtout en permanence par une valorisation intelligente de tous les talents individuels et collectifs. Le salarié ne doit pas être considéré comme un coût mais d'abord comme un investissement. Toute entreprise qui le comprend est garantie d'assurer son avenir. C'est l'ensemble de ces valeurs propres qu'il importe de préserver et de développer par un suivi et un formation action choisie pour le management et la prise de responsabilité. A charge pour les employeurs de trouver les « bons » compromis pour faire évoluer dans le meilleur esprit et dans le cadre d'une offre « gagnant-gagnant » les atouts et les compétences de ses salariés.

Favoriser la mobilité, la flexibilité et la formation

La mobilité, la flexibilité et la formation constituent les principaux pivots de la maîtrise de l'évolution de carrière et du devenir de l'entreprise. La mobilité interne ou externe est un atout essentiel à la fois pour le salarié et pour l'entreprise. Mais elle se doit d'être valorisante sur tous les plans. La mobilité contribue à son épanouissement. Celle-ci comme la flexibilité et la formation sont des actions qui se préparent à l'avance en pleine concertation. La France possède une profonde richesse en matière de ressources humaines. Ces ressources doivent être entretenues et se développer. La formation permanente, ciblée et adaptative, permet d'anticiper le progrès et l'innovation. Elle est d'autant plus efficace qu'elle se présente sous forme de formation-action au sein de l'entreprise. Les faiblesses et les manques sont toujours présents. Il faut en avoir conscience, bien les identifier, les hiérarchiser pour fixer des priorités et pour les pallier progressivement. C'est une action lourde à inscrire sans précipitation dans le moyen et le long terme mais sans attendre.

Toutes nos forces économiques, sociales, et notre richesse humaine, privées comme publiques, s'appuyant sur leurs acquis et leurs atouts ont le même défi à relever : celui de la compétitivité pour régénérer de l'activité, de la confiance, de la croissance et de l'emploi. La mobilisation doit être générale. La mobilité et la formation-action sont des outils essentiels. Pour qu'elles soient efficaces, encore faut-il qu'elles soient expliquées pour être comprises et que les objectifs soient partagés.

II

Des prérequis nécessaires

II – 1

La stratégie de l'offre
Savoir créer et anticiper les besoins du marché

Un rappel pour tous : avant d'entreprendre, quel que soit le projet, la taille et les enjeux, nul ne peut ignorer la toile de fond d'un système complexe et incertain. Comment imaginer pouvoir s'en affranchir ?

Il existe une multitude d'interactions entre les tissus, politique, économique et sociaux. Le monde industriel et des services, celui des finances et de la haute administration ont leur propre lecture de la situation. Chacun a ses exigences. Nombre de paramètres diffèrent jusqu'à être incompatibles, rendant l'environnement instable. C'est pourquoi, il apparaît indispensable d'avoir une vision globale et conceptuelle de l'ensemble.

Le concept team répond à cette exigence. Il faut l'accepter non pas comme une solution toute faite mais comme une précieuse aide à toute réflexion, précédent une décision entraînant une action.

Une stratégie de l'offre

Les entreprises qui s'en sortent adoptent une stratégie de l'offre pour se développer consolider, préserver ou prévoir toute forme d'activité favorisent et encouragent la recherche, l'innovation, et l'anticipation des besoins. Anticipation qui est de plus en plus complexe compte-tenu des variations de l'environnement. Ce sont les valeurs nécessaires pour assurer le futur et le développement de l'entreprise.

En favorisant une politique de l'offre, l'entreprise se doit sans cesse de chercher à optimiser les compétences par rapport aux évolutions de ses activités et de ses métiers. Elle se doit de libérer l'imagination, d'encourager les initiatives, de faire preuve d'une certaine audace et de savoir prendre des risques mesurés. A terme, cet investissement, lourd dans sa mise en place, sera payant et générateur lui-même de nouvelles activités lucratives pour tous.

La création d'emploi est là pour répondre en priorité, à la fois à leur carnet de commandes et à leurs ambitions. Au-delà des grands groupes (TGE et GE), ceci est aussi impératif pour les entreprises (ME) et industries (MI), de taille intermédiaires (ETI). Pour les TPE et les PE, elles créent souvent de l'emploi qu'en fonction de leur besoin. Ce besoin est lié avant tout à leur activité et par-là même à la demande qui vient principalement du marché, donc du client et de ses commandes.

Les principales difficultés des entreprises sont presque toujours à la fois conjoncturelles, structurelles et culturelles, dues en grande partie au management défaillant des hommes à tous les niveaux liés au manque de leaders ayant une vision globale. L'absence ou l'insuffisance de dialogue autant au plan technique que social contribue aussi à limiter le développement. Cette multiplicité des causes est pourtant une chance pour l'entreprise et ses salariés. Le champ d'action est vaste et la marge de progrès très importante. Il faut savoir saisir ces opportunités. La crise (élément conjoncturel) n'est plus le meilleur (ou le seul) alibi à évoquer pour masquer les erreurs ou les manques. La suppression d'emplois de son côté ne peut plus être présentée comme la seule réponse à la crise, ni être refusée systématiquement. Il faut cesser de considérer l'emploi comme un coût plutôt que comme un investissement. L'humain couplé à la raison d'existence de l'entreprise est la véritable ressource. Ne pas seulement penser à l'entretenir, mais aussi à le développer ou à l'accompagner en cas de séparation.

Des freins intrinsèques au développement

Il est urgent de redonner un sens à l'entreprise et de ne pas limiter son objet au service du profit financier immédiat. La rentabilité à tout prix et à court terme a montré ses contradictions. L'infaillible décideur, le gestionnaire averti, comme le technocrate servile, ont vécu. Ils ne sont plus crédibles dans les faits. Redonner un sens à l'entreprise c'est aussi revaloriser et développer sa dimension humaine. Les suppressions d'emplois et les licenciements à l'aveugle ne sont pas des méthodes acceptables quelles que puissent être les motifs évoqués pour les justifier. D'autres réductions d'effectifs peuvent être des solutions de survie pour l'entreprise. Si le marché a pour habitude de saluer les réductions d'effectifs, il n'empêche que cette solution facile est souvent abusive et résulte d'une incapacité à réagir de la part des dirigeants et peut s'avérer dangereuse pour avenir !

Réduire le sous-emploi par la formation c'est avant tout préserver les emplois qui existent et éviter les délocalisations. Le fait d'adapter, de former, de reconvertir est une forme de création d'emplois. Il faut en permanence restaurer le dialogue social et mieux associer le personnel aux décisions. Valoriser les rôles de chacun, décentraliser les décisions, déléguer autant que possible, responsabiliser les plus aptes comme partager le pouvoir d'agir sont autant d'actions indispensables qui contribuent activement à sauver l'emploi.

Cependant, il n'est pas inutile de faire, de temps en temps, le ménage dans l'entreprise devant la conjoncture et en fonction de la situation et de l'évolution du marché. Mais comme dans un escalier, il est peut-être préférable pour être sûr du résultat de commencer parfois par le haut...

Le profit viendra de la stratégie, de la performance globale de l'entreprise, de ses performances économiques et financières et du climat social, il prendra enfin tout son sens. Il pourra alors s'apprécier comme un résultat et non plus comme un préalable.

II – 2

Le concept TEAM

Une approche systémique dans l'action

Face aux contraintes de l'existant, l'entreprise est là avant tout pour produire, satisfaire un besoin et réaliser des bénéfices. Elle s'appuie sur son savoir-faire, ses compétences et son potentiel humain pour réussir. Face aux autres, dans un contexte difficile, elle doit être performante. La compétitivité est assujettie à la concurrence et plus particulièrement, liée à la mondialisation. Elle est un facteur extrême qui va jouer un rôle déterminant. Tout le problème du chef d'entreprise ou des responsables, c'est d'être en mesure, à chaque instant, de démêler cet écheveau qui a une tendance permanente à se reconstituer. Pour y parvenir il faut avoir une vision à la fois globale et précise du système. C'est l'objet du concept team *(travailler mieux ensemble dans l'action)*.

Le domaine d'existence

À tout moment dans son activité, l'entreprise fait face à des demandes de la part de l'ensemble de ses clients, internes ou externes. Sa politique de l'offre peut l'amener à anticiper et à proposer des produits et des services. La relation client-fournisseur, prise au sens large, est présente partout. L'acceptation d'un engagement contractuel se situe quelque part sur l'axe économique suivant son importance. Elle permet de satisfaire toute demande exprimée sous forme d'offres ou de besoins identifiés du client. Cet engagement entraîne d'une part une mise en oeuvre de moyens et de savoir-faire pour produire ou fournir une prestation ou un service, repérable sur l'axe technique, d'autre part, sur l'axe humain, la mobilisation de compétences, tout comme un mode d'organisation et de gestion adapté à l'objet de la demande ou de l'offre. L'ensemble de toutes les demandes et de toutes offres compatibles avec les capacités, économiques, techniques et humaines constituent dans ce diagramme 3D, un nuage de points, assimilable à un volume qui constitue son domaine d'existence.

Tout écart non maîtrisé sur l'un des trois axes conduit insensiblement l'entreprise à sortir de son domaine d'existence, sans pour autant s'en rendre compte. De la même façon toute incapacité prolongée à répondre suivant l'un des axes, associée à l'accumulation de points de fonctionnement hors de son domaine d'existence, peut la conduire à sa perte. Chaque fois qu'une action est engagée sur l'un des axes, il faut impérativement en examiner les conséquences sur les deux autres pour s'assurer du maintien dans le domaine d'existence. Le maintien dépend à la fois de paramètres internes et externes. La conjoncture, les demandes et les contraintes des clients peuvent nécessiter l'évolution de la qualification du personnel et des innovations sur l'outil de production. Ce sont des paramètres externes dont il faut tenir compte. Ne rien faire ou agir de façon désordonnée est fatal à l'entreprise qui n'a pris en compte l'évolution des paramètres externes. Les exemples ne manquent pas.

Le problème n'est cependant pas si simple, il existe une quatrième dimension qui est le temps. Elle est par ses caractéristiques devenue incontournable et la clé de la compréhension de la majorité des problèmes actuels. En effet, tout bouge : l'environnement et la conjoncture, le marché et les clients, les produits ou les techniques, les compétences et le savoir-faire, les hommes et l'organisation. Cette instabilité s'est encore accélérée, en amplitude et en fréquence. Des données et des références entraînent au cours du temps une modification et un déplacement sensible de plus en plus rapide du domaine d'existence. Il appartient à l'entreprise elle-même de contrôler et de maîtriser l'ensemble de ses actions pour se maintenir sans cesse à l'intérieur de son domaine d'existence. Ne rien faire ou vouloir l'ignorer c'est courir au-devant des risques et des ennuis. À l'inverse trop en faire sur l'un des axes n'est pas mieux. Cette maîtrise n'est pas simple, mais surmontable. C'est ce que nous allons montrer.

Interactivité des trois dimensions

Ce qu'il faut retenir c'est que chaque fois qu'une décision, une action ou un engagement est pris sur l'un des axes, économique, technique ou humain, il est souvent fatal de ne pas passer assez de temps à réfléchir aux conséquences sur les autres axes et sur l'ensemble des paramètres externes. Mais encore faudrait-il en percevoir l'existence ! Combien d'entreprises sont actuellement en difficulté pour n'avoir pas su ou pas compris qu'elles s'étaient sorties elles-mêmes de leur domaine d'existence ? D'autres, qui ont déjà disparu, ne l'ont peut-être jamais réalisé ? Les exemples de dérapages et de dysfonctionnements ne manquent pas, de l'erreur à caractère stratégique à la simple décision d'apparence banale. Souvent la solution n'est plus envisagée qu'une comme une ligne budgétaire coûteuse à satisfaire ou à réduire. Les abus en termes de réduction d'effectifs ou de limitation des investissements frisent le ridicule.

Réfléchir avant d'agir

Pourquoi s'engager dans une campagne agressive de promotion commerciale et d'attaque du marché, si la production et l'organisation ne sont pas en mesure de suivre ? Que penser d'une stratégie de réponse à tout pour la satisfaction du client qui nécessiterait un développement technique exacerbé à la limite du savoir-faire ?

Pourquoi persister à répondre à des demandes ponctuelles, sans étude préalable du marché, sans évaluation suffisante des coûts, des besoins en compétences et en soutien ? En cas de rachat de sociétés, qui se soucie réellement des conséquences du mélange des cultures et des difficultés de fonctionnement ? Comment peut-on apprécier cette restructuration, la troisième en trois ans, jugée indispensable et destinée, paraît-il, à mieux se recentrer pour la $n^{ième}$ fois sur ses métiers porteurs ou sur le cœur de métier ?

Pourquoi continuer à soutenir des actions de formation systématique à grande échelle, qui perdurent sans but précis, dont on ne sait plus très bien par qui elles ont été générées, à quoi elles sont destinées et au bénéfice de qui ? Que dire aussi de ce souci permanent et légitime d'économies qui ne touche par effet de masse que des points secondaires qui finissent par gêner et perturber l'ensemble du fonctionnement de l'entreprise sans parler du service au client lui-même ? Quant aux délocalisations hâtives que faut-il en penser ? Quelle crédibilité accorder à ces plans stratégiques, qui se résument à fixer un taux de croissance du résultat sans autres nuances et explications ?

L'importance des ressources humaines

Si le but de l'entreprise est de faire des profits autour de son métier et de son savoir-faire sur un marché concurrentiel en développant sa compétitivité, l'axe humain est une de ses composantes de base. Trop souvent négligée, elle peut fragiliser dangereusement son domaine d'existence. L'âge est un handicap à double tranchant. Souvent considéré comme trop âgé au sens de la hiérarchie et de ses patrons, il est perçu comme sur une voie sans issue, alors qu'une formation adéquate assurerait une reconversion difficile mais utile au service de l'entreprise. L'expérience et la transmission du savoir-faire sont de précieux atouts à ne pas négliger.

La représentation du concept team est simple à imaginer à partir d'un repère orthonormé. En effet, l'entreprise est bâtie autour de trois axes fondamentaux : l'un économique, en référence au mar-

ché, au client, au coût et à l'environnement concurrentiel, l'autre technique, en relation avec le savoir-faire et l'innovation, les moyens et la production, le troisième humain, relatif aux hommes, au management, à la formation, à l'organisation et au droit social. Ne jamais oublier que chacune des positions sur les différents axes varient dans le temps. C'est fondamental !

II – 3

L'interaction multiple
Comment devenir ensemble plus efficace dans l'action ?

Dès lors qu'une personne est en charge de responsabilités, elle est en mesure d'exercer un pouvoir. A tous les niveaux, quelle qu'en soit la nature, le responsable est amené à prendre des décisions, à faire des choix, à prendre des risques et à s'impliquer. Parfois même, il n'hésite pas à se tenir en retrait sans pour autant se désintéresser du problème. S'il ne prend pas de décision, c'est un choix. Bien entendu, suivant la taille de l'entité et l'importance de ses responsabilités, la notion de pouvoir n'a plus la même signification. Mais l'attitude et le comportement prédominent. L'échelle du risque n'est plus la même et le comparatif est relatif.

Les dirigeants, les directeurs et les responsables à tous les niveaux de l'entreprise n'ont que peu d'action ou d'influence sur la structure enveloppante ou de l'unité à laquelle ils appartiennent et dont ils ont la charge.

Il est rare de voir un nouveau promu, refuser le poste qui lui est proposé sous prétexte que la structure générale de l'entreprise lui paraît inadaptée. La capacité d'action sur l'organisation interne est par contre réelle et loin d'être négligeable, même si la plupart du temps, la marge de manœuvre semble réduite du fait de l'existence de normes et d'usages imposés. La tendance est de se convaincre de faire en sorte de vivre avec. Et, c'est bien là que réside l'un des obstacles majeurs au changement dans la plupart des entreprises, auxquels se trouvent confrontés tous les responsables y compris au plus haut niveau.

En matière d'organisation, il est essentiel de ne pas confondre les structures et les concepts de fonctionnement. Ceux-ci ont trait à la politique générale, la façon de travailler, les valeurs partagées dans l'entreprise, les modes de relations entre individus, la place de la communication, etc. C'est de la qualité et la transparence du fonctionnement que vont dépendre les résultats. La connaissance partagée des concepts de fonction va déterminer le climat et l'ambiance de travail. Deux concepts principaux s'affrontent de nos jours au-delà des structures : l'un individualiste, l'autre interactif.

Les limites du concept individualiste

Par essence, il est sans modèle précis. Cela ne signifie pas pour autant qu'il implique de la part de ses partisans un comportement pragmatique, bien au contraire. Toujours très subjectif, puisqu'il se veut sans référence, il est instinctif avant d'être intuitif. Le concept individualiste dépend pour l'essentiel, de la formation, de la culture et du tempérament de son promoteur. Il est fortement influencé sur place, bien qu'il s'en défende, par l'environnement, le milieu professionnel et la fonction qu'il occupe. Si l'expérience montre que ce concept a encore de très nombreux adeptes dans l'entreprise, il prouve aussi à quel point il est aléatoire et risqué. Bon ou mauvais, en tout état de cause, ce mode de fonctionnement, très vite perçu comme une pratique individuelle du pouvoir de la part du responsable, a tendance a freiné toute initiative de travail en équipe.

L'organisation à interactions multiples

L'idée du concept de fonctionnement interactif repose sur un constat banal : a priori, nous ne sommes pas seuls dans l'entreprise ; et sur un principe : nous devons faire en sorte que les gens travaillent ensemble. Cela est d'autant plus nécessaire qu'ils sont désormais de plus en plus interdépendants. La mise en place de ce concept est rendue possible grâce à l'application d'un modèle d'organisation fonctionnelle à interactions multiples.

Cet outil très performant favorise la communication par la participation interactive d'équipes d'une même unité ou d'unités différentes à un travail complémentaire ou de même nature sur des sujets d'intérêts communs, valorisant les individus quelle que soit leur appartenance et leur niveau de responsabilité. L'interaction multiple a pour objectif d'améliorer l'efficience, et en conséquence, la productivité dans l'entreprise par une optimisation des compétences et des moyens.

Le mode de fonctionnement associé est souple. Sa création ou sa suppression partielle ou totale est instantanée et n'entraine aucune perturbation sur les structures opérationnelles en place. Interactif par projets, par thèmes, par sujets, par activités, par compétences par moyens, etc., ce concept est universel. Il n'est pas limité dans son champ d'application. Cette organisation fonctionnelle est évolutive à durée déterminée, géographiquement répartie. Au cours du temps la responsabilité du suivi de telle ou telle activité n'est pas figée. Elle peut changer de main. Enfin elle est motivante, car il n'y a pas de perdants, et sélective parce qu'elle élimine la tendance à la compétence par attribution.

Le concept interactif

Toute assimilation de ce concept interactif à une organisation de type matriciel est totalement erronée. Son fonctionnement horizontal, à interactions multiples, provoque une coopération qui s'affranchit dans son passage à l'action de la lourdeur structurelle qui l'entoure. Dans le schéma fonctionnel à interactions multiples tel qu'il est proposé, l'unicité de responsabilité décisionnelle est préservée au niveau du patron. En effet, les chefs de projets, responsables d'études ou d'actions, chargés de mission et les responsables hiérarchiques locaux, se trouvant dans la même unité enveloppante, dépendent du même patron. Cela reste vrai quel que soit le niveau considéré. C'est au travers de ces remarques que se situe toute la différence.

L'interaction multiple associée au concept team complète la panoplie. Ils constituent un espace de liberté d'action du manager, de mobilisation et de stimulation des individus et de valorisation de leurs compétences. Générateur de communication active, il associe, cohérence, réactivité et dynamique. Cet espace est un producteur d'efficience pour tous les dirigeants qui ont le véritable sens du leadership.

II – 4

De l'existence au résultat
Un défi propre à chacun et à chaque entité

A tous les niveaux, quelle qu'en soit la nature, le responsable est amené à prendre des décisions, à faire des choix, à prendre des risques et à s'impliquer. Parfois même, il n'hésite pas à se tenir en retrait sans pour autant se désintéresser du problème. S'il ne prend pas de décision, c'est un choix. Suivant la taille de l'entité et l'importance de ses responsabilités, la notion de pouvoir n'a plus la même signification. L'échelle du risque n'est plus la même et le comparatif n'a plus de sens.

Que faire pour obtenir un résultat ?

Demeurer dans sa zone d'existence ne suffit plus. Ce serait trop simple. Dans la crise actuelle tout va très vite. La compétition est féroce. Il faut obtenir le résultat, c'est-à-dire vers une meilleure efficacité. Cette zone de réussite n'est pas un leurre. Le passage de l'existence à au résultat va nécessiter la mise en place d'actions volontaires spécifiques : *la cohérence globale, la réactivité, la flexibilité et la dynamique.*

La cohérence globale

S'assurer en temps réel que toutes actions menées sur les trois axes sont cohérentes entre elles. Une action engagée ne peut faire appel aux compétences d'un individu seul, déjà impliqué dans une autre action. Le développement d'une nouvelle technologie ou de nouveaux modes de travail ne peut se faire sans les moyens financiers et ni le personnel *ad hoc*. La communication interne et externe claire et efficace, en vérifiant son impact et sa réalité sur le terrain. Conserver une cohérence globale, c''est d'abord s'assurer de la mobilisation de tous, des énergies et des compétences comme se préoccuper de l'intégration dans les plans d'actions de la tenue des objectifs. Il faut rechercher l'adéquation des compétences et des moyens pour la satisfaction des besoins.

La réactivité et la flexibilité

L'environnement est fortement instable en temps et en amplitude. C'est pourquoi, il est nécessaire que l'entreprise développe sa réactivité. Ce qui signifie qu'il faille réagir sur les trois axes à n'importe quel événement intérieur comme extérieur.

Parler de réactivité revient à développer la réceptivité en favorisant l'état de veille, les maillages, l'organisation de réseaux, en organisant activement la collecte, l'analyse des informations. C'est d'abord encourager la créativité, les méthodes d'innovation et de résolution de problèmes, en laissant l'autonomie nécessaire pour faciliter l'éclosion de solutions pratiques et originales, en permettant leurs mises en œuvre.

Cette réactivité dépend avant tout de la flexibilité présente sur le terrain. On doit pratiquer la flexibilité dans les faits, rechercher la souplesse des structures et du fonctionnement, en valorisant toutes les qualités d'aptitude au changement, la formation-action, etc. La responsabilité est d'abord celle du chef d'entreprise.

La dynamique

Favoriser la dynamique, c'est garder présent à l'esprit que l'ensemble des contraintes évolue en permanence dans le temps. Il est impératif quand on conçoit un système de vente, de production ou de formation, par exemple, de privilégier son évolution future au regard des hypothèses les plus probables. Dans les développements de logiciels on utilise des langages évolués, qui restent indépendants des données fondamentales techniques et qui permettent de transformer les logiciels sans les remettre en cause dans leur totalité.

La dynamique, c'est aussi considérer que tout ensemble a une durée de vie de plus en plus courte, pas nécessairement prévisible. Il faut donc privilégier sa transformation. « On ne sait comment cela va changer, mais on sait que ça va changer ». Le concept team est une aide à la gestion de l'incertitude et à la prise de décision.

C'est bien entendu la cohérence globale, la réactivité, la flexibilité et la dynamique qui permettent de créer ensemble les garanties d'une réussite autour d'objectifs accessibles et de valeurs humaines reconnues, au bénéfice réciproque de l'entreprise et de tous. C'est l'ouverture vers la performance.

III

Le capital humain

III – 1

Compétence et performance
Le sens des mots…

Dans un contexte économique de plus en plus incertain, les entreprises, toutes tailles confondues, doivent faire face à de nombreux défis, devant des évolutions scientifiques, et technologiques qui s'accélèrent, des normes qui se multiplient, sans parler de la législation de plus en plus complexe.

Elles sont confrontées en permanence à des transformations qui les touchent dans tous les domaines qu'ils soient économiques, techniques, humains, sociaux et culturels. Elles s'interrogent sur la validité et la pertinence de leurs valeurs. Leurs organisations doivent s'adapter ou mieux anticiper ces changements indispensables. Un exemple concret : l'arrivée de l'intelligence artificielle (IA), la place du numérique et des réseaux, l'automatisation dans tous les secteurs des métiers, dans la vie professionnelle et la vie privée.

A la recherche de l'humain pour la performance…

La priorité donnée à la performance économique suscite de nouvelles pratiques managériales, notamment au niveau des ressources humaines, de la relation à l'autre et du suivi personnalisé dont les maîtres-mots deviennent compétence et efficacité. La performance dans l'action au travail est une référence. Dans l'esprit de beaucoup d'entrepreneurs et de dirigeants, la notion de performance se limite au résultat. Il occupe l'essentiel de leur propos. La performance à tout prix est en général considérée comme une fin en soi. Le schéma pour parvenir au résultat est très souvent flou. Il a tendance à oublier l'essentiel, confondant qualification et compétence.

Ainsi la qualification, jusqu'à maintenant garante de la place des individus dans l'entreprise n'est plus jugée comme seule pertinente. Au nom de la compétence, les individus sont de plus en plus incités à prendre en charge une part de l'incertitude générale et peut-être même à assumer des responsabilités plus importantes, voire « globales ».

La sélection par la compétence crée une exigence supplémentaire pour le salarié, celle d'être responsable de sa productivité et finalement de son emploi. Attention qu'elle soit faite avec discernement et précaution pour ne pas conduire à une forme cachée de discrimination.

Pour réussir l'opération, encore faut-t-il que les conditions soient créées dans l'entreprise. Le salarié doit en prendre conscience et être préparé à ce changement. L'accompagnement par la formation en poste joue un rôle essentiel. Il ne faut surtout pas penser que la référence à la compétence deviendra un remède « miracle » censé résoudre tous les maux.

Un modèle « compétence » à bâtir

Avec ce modèle, il est ainsi admis que tout au long de leur parcours professionnel individuel, les individus, à tous les niveaux, construisent leurs compétences, à partir des résultats de leurs apprentissages et de leurs expériences multiples. Le label de la qualification reconnue *a priori* devra céder la place à une démarche d'évaluation permanente et de formation continue. Cette évaluation *a posteriori* devra s'inscrire désormais au cœur d'une gestion dynamique des ressources humaines.

La démarche compétence entend ainsi mobiliser les salariés, cadres et dirigeants dans une logique de performance et d'efficacité. Elle va impliquer de gérer autrement le capital humain de l'entreprise en intégrant la complexité des situations professionnelles. Elle aura comme avantage de ne pas opposer les qualifiés et les non-qualifiés. La compétence n'est pas la propriété des plus qualifiés !

Reconnaître les compétences, les « savoir » et l'expérience des individus dans leurs activités professionnelles, c'est leur octroyer la responsabilité de leurs choix et de leurs acquis sur le « terrain » en fonction des besoins de l'entreprise.

Mais en ne visant que la performance, la rentabilité et les résultats mesurables, ne risque-t-on pas paradoxalement d'oublier la part d'intelligence, d'initiative et de « savoir-être », toujours difficile à apprécier et à saisir ? C'est plutôt cette intelligence au sens large qui sera le fondement de ce que l'on appelle le capital immatériel indispensable pour assurer le « plus » nécessaire pour réussir.

Attention de ne pas oublier que les carences en matière d'organisation, de choix des « hommes » responsables, et de stratégie sont fatales. Dans un environnement concurrentiel tendu, tout compte. Seule une approche humaine « globale et partagée » peut entretenir l'espoir de réussite et permettre d'y parvenir. C'est alors que les mots, compétence, performance et productivité prennent tout leur sens...

III – 2

Mobiliser toutes les compétences
Une absolue nécessité pour espérer réussir

En France, si les grands groupes peuvent espérer s'en sortir, il n'en sera pas de même pour bon nombre de moyennes, petites et très petites entreprises, d'artisans et certaines professions. Le chômage partiel, la baisse d'activité, la réalité du chômage induit et la relance de l'emploi sont les priorités.

Combattre l'immobilisme

Le parasitage de l'action, quels que soient les domaines et les secteurs, publics ou privés se traduiront par des affrontements permanents, des conflits au quotidien, trop souvent inutiles. Trop de questions resteront sans réponse. Trop de décisions ne sont jamais suivies d'effet. Tant retards n'auront aucune raison d'être. Que dire de ces urgences qui ne sont que des négligences ?

Il faut chercher à répondre présent, examiner ces freins à la vie active, apporter des réponses et encourager les gestes qui favorisent la relance et la performance. Ces murs d'inertie à tous les niveaux, s'appuyant sur les aides gouvernementales caractériseront un immobilisme fonctionnel.

En la matière, le discours ne suffit pas. Toute la difficulté des responsables qui sont aux commandes va être d'arriver à concilier l'inconciliable. C'est tout l'art du manager comme du responsable politique.

Les clés de la mobilisation

Les femmes et les hommes, avec leurs qualités et leurs défauts, constituent la richesse et la faiblesse de l'action au quotidien. Ce sont eux qu'il faut mobiliser. C'est seulement en mobilisant l'intelligence que les responsables parviendront à comprendre les problèmes et proposer des solutions.

À partir d'un contrat clair, s'appuyant sur un ensemble reconnu de valeurs partagées, dans une expression claire, faisant appel à une communication directe, le patron est en mesure de stimuler et de rassembler toutes les compétences. Pour répondre aux attentes, il importe de concilier les besoins et les hommes. Surtout ne pas mésestimer le nombre important de salariés qui ont le goût du travail et de l'effort.

La passion du métier se rencontre tous les jours, dans tous les secteurs. Le respect doit entraîner le respect. Confier une responsabilité, renforcer l'initiative, sont des éléments moteurs de la mobilisation. Le rôle de leader est fondamental, gage de la réussite.

En cas de crise, stimuler la créativité et l'innovation n'est pas le monopole de l'État !

A l'occasion de ces multiples crises qui s'enchaînent, la créativité et l'innovation se cultivent. L'État ne peut imaginer en détenir le monopole. Il ne peut pas être à l'origine des initiatives. Les « vrais » entrepreneurs ne s'y résoudront pas. Beaucoup d'individus ont l'esprit d'entreprise. Pour préparer le changement progressif et parvenir à la mobilisation, il faut rompre la monotonie et proposer des défis. Écouter, comprendre et proposer, sont autant de besoins qu'il convient de satisfaire.

Souvent de simples détails, auxquels le patron prête attention, peuvent aider à ouvrir les esprits vers l'essentiel. La créativité et l'innovation ne décrètent pas, pas plus que la réussite. Elles se stimulent De la trouvaille à la découverte essentielle le chemin est long. Le travail en équipe favorise la créativité et l'initiative, dès lors que ces actions sont reconnues par tous. Récompenser à bon escient est déterminant.

Le plaisir d'entreprendre est un élément moteur

La communication est fondamentale. L'échange sur le fond et dans le détail permet de mieux connaître les attentes de l'individu et ses motivations cachées. Mobiliser l'intelligence n'est pas l'apanage des seuls responsables. S'ils en ont le devoir, ils n'en ont pas le monopole, heureusement.

C'est le collectif et l'exemple qui sont souvent les véritables catalyseurs de la plus forte mobilisation pour s'en sortir. Au-delà du besoin, c'est le plaisir d'entreprendre et la solidarité qui font la différence.

III – 3

La bourse des valeurs
Un capital à entretenir et à développer...

Les attentes et les besoins de l'individu et de l'entreprise varient sans cesse au cours du temps. Il s'agit d'une véritable bourse des valeurs humaines. Contrairement aux « a priori », ils ne sont pas antinomiques. Les rôles de chacune des parties et leurs intérêts mutuels comme leur difficultés rencontrées sont en fait indissociables...

La recherche d'un équilibre stimulant et dynamique ne doit pas être considérée comme une utopie, mais comme un objectif permanent et prioritaire qu'il faut satisfaire. Les clés de la créativité, de l'innovation, de la qualité, du service, par là-même de la productivité et de la compétitivité passent par l'exaltation intelligente des talents individuels et collectifs. Seule une véritable gestion des ressources humaines peut permettre de les déceler.

Un patrimoine à préserver

La nouvelle identité culturelle et les aspirations des individus privilégient sans équivoque l'autonomie et l'initiative. Ce qui n'affecte en rien l'esprit d'équipe. Cette évolution d'appréciation des mentalités, associée à une volonté déclarée et à un profond changement d'attitude de la classe dirigeante, doit être une véritable révolution. Ceci signifie un réel retour aux sources et aux valeurs fondamentales de l'entreprise. C'est d'un patrimoine à préserver qu'il s'agit. La contribution élémentaire qui s'attache à ce patrimoine ne doit pas se limiter au seul aspect des relations humaines. Celles-ci sont toujours empreintes, dans l'esprit de beaucoup de responsables, du nécessaire soupçon de démagogie rassurante, mais qui demeurent sans intérêt pour la marche des affaires.

La bourse des valeurs des ressources humaines, car c'est bien de cela qu'il s'agit, est un immense marché représentatif à chaque instant du capital de savoir-faire et de savoir-être des entreprises. Chaque individu y est implicitement affecté d'une cote d'appréciation, influencé par sa formation, sa classification, la fonction qu'il occupe dans son secteur et sa position dans l'entreprise. Plus facile à établir à partir de données objectives concernant, d'une part sa spécialité, son degré de qualification, ou d'autre part ses origines, son âge, son expérience et son parcours professionnel, cette cote d'appréciation externe devient en revanche plus difficile à affiner quand elle touche à des données plus subjectives. C'est toujours le cas, lorsqu'elle tient compte des réussites et des échecs, de la personnalité, des capacités potentielles, de sa mobilité, de son facteur d'indispensabilité, des comportements liés à l'impact collectif et enfin de la perception globale que ses pairs et ses chefs ont de l'individu et de son travail. En général mal taillée parce que trop subjective, cette cote d'appréciation interne à l'entreprise intègre avec plus ou moins de bonheur les données externes précédentes.

Le marché externe et la formation des cours

Dans le marché des valeurs des ressources humaines, par analogie avec le marché financier des valeurs mobilières, la loi de l'offre et de la demande s'applique parfaitement, surtout sur le marché externe. L'ensemble des cours cotés va dépendre d'abord de l'importance du besoin dans la spécialité, au niveau requis, de la qualification générale du personnel et de la capacité du marché à répondre à la demande. Cette confrontation permanente donne la tendance du marché, interne ou externe.

Si la demande ne peut être satisfaite dans un délai raisonnable aux conditions souhaitées ne pénalisant pas l'entreprise, un rééquilibrage devra se faire à la hausse. A l'inverse, une baisse de la demande dans un secteur d'activité ou un afflux voire un surplus d'offres de candidatures sur le marché d'une catégorie particulière de personnel entraîne une baisse de la cote réelle.

Une multitude de paramètres vont intervenir dans la détermination des cours sur le marché externe : l'épargne naissante des nouveaux besoins (formation permanente), la concurrence, les grands projets publics ou privés, le crédit, la conjoncture et l'argent...

III – 4

Choisir des collaborateurs
L'approche « bottom-up » …

Par nature et par besoin, l'entreprise comme tout système organisé est un ensemble évolutif qui verra au cours de son existence, en fonction des circonstances, de multiples changements de responsabilité à tous les niveaux. Ce manège est continu. Il fait partie de la vie de l'entreprise. Les occasions sont multiples de la simple promotion aux restructurations profondes, aux aménagements locaux, en passant par des réorientations d'activités provoquées par des départs ou des arrivées...

Le conseil d'administration ou la direction, le président, le directeur ou le gérant, eux seuls détiennent l'entière responsabilité du choix des personnes, au plus haut niveau. Par délégation, pour des échelons hiérarchiques de moindre importance, d'autres responsables sont habilités à faire ce choix. C'est ici l'objet du sujet. Nous reviendrons plus tard sur la façon dont est choisie l'élite de l'élite.

Les us et coutumes

Dans les très petites et petites entreprises à effectif modeste, le flair et l'expérience restent les principaux éléments du choix interne ou externe. Le risque est contenu, même s'il existe. Le problème se pose en termes différents dans les entreprises moyennes, de taille intermédiaire ou dans les grandes entreprises où leur réservoir en ressources humaines est plus important. La plupart du temps, surtout pour des postes intermédiaires, ces entreprises satisfont leur besoin par de la promotion interne. Le choix sera basé sur l'expérience professionnelle et les résultats acquis, sans omettre d'apprécier les potentialités du candidat. Ce n'est pas toujours le cas, faute de temps ou tout simplement d'attention. Mais encore faut-il se méfier de la facilité et ne pas considérer la promotion seulement comme seule récompense.

Pour des recherches ciblées, elles n'hésitent pas à s'adresser à des cabinets-conseil ou à des spécialistes en recrutement. Les grands groupes, habitués à ce genre d'approche, font appel à des chasseurs de tête pour des postes de haut niveau. Une kyrielle de tests psychologiques et d'entretiens complète la panoplie d'éléments constitutifs du dossier. Le succès n'est pas pour autant garanti.

Dans la pratique, c'est souvent le poste que l'on adapte au candidat et non le candidat que l'on recherche pour le poste à pourvoir. Ce dernier peut faire l'objet d'un choix par simple piston ou par habitude culturelle. Mais il arrive aussi que l'on crée des postes inutiles pour satisfaire une ambition au travers d'une promotion-récompense ou pour calmer un jeu interne. Dans les grandes entreprises, on ne compte plus le nombre de postes de mises au placard. Les politiques et les gouvernants en abusent sans complexe, à la fois pour se débarrasser des personnes gênantes, tout en les récompensant !

L'approche « bottom-up »

Une toute première étape consiste à connaître le milieu. Quelle que soit l'approche, le choix des femmes et des hommes appelés à occuper de nouvelles fonctions requiert de ne pas tirer des conclusions hâtives. Avant même d'effectuer un quelconque choix sur les personnes faut-il savoir pourquoi on le fait ? A-t-on exprimé sans équivoque l'expression du besoin ? L'expression sur papier du poste à pourvoir est très insuffisante. Il faut replacer le poste dans un contexte, au milieu d'un système, avec un environnement particulier évolutif. Comme cette étape essentielle est souvent mal préparée, le scénario est biaisé.

On peut considérer que *trois facteurs extrinsèques* sont essentiels : le besoin, l'opportunité du choix (interne ou externe), l'appréciation du candidat et de son expérience. Le besoin est souvent flou surtout s'il s'agit de création d'activité. L'opportunité du choix dépend du contexte local et de son évolution. Doit-on forcer la mobilité ? Est-ce une étape transitoire ? Correspond-elle au but recherché ? L'appréciation du profil du candidat est déterminante. Elle est toujours empreinte de subjectivité. Il est indispensable de déterminer le profil du candidat dans la fonction, dans le contexte local et dans le but recherché. Ne pas oublier d'appréhender l'image projetée de ce profil auprès du personnel. Il alimentera le « bouche à oreille ».

Les atouts du candidat qui constituent *ses facteurs intrinsèques* interviennent une fois bien déterminée ce profil dans son contexte, relié au besoin clairement défini. Retenons trois dominantes : la valeur propre, les aptitudes et les conditions initiales du candidat. La valeur propre est l'image quantifiable de son expérience et de son acquis professionnel à ce jour, incluant réussites, échecs et ancienneté. Sa compétence doit être appréciée sous toutes ses formes, dans tous les domaines. Les aptitudes sont le reflet de la perception de l'individu dans son environnement proche et actuel. Sa personnalité, son comportement psychologique, ses réactions devant des problèmes comme sa capacité à réagir sont fondamentales.

Ses ressources intellectuelles, son sens de l'analyse, son imagination, sa force de proposition et son esprit de synthèse complètent la panoplie autour d'une communication, d'un sens des relations humaines et de la responsabilité. Les conditions initiales résument le pédigrée académique du candidat, prenant en compte, études, diplômes, titres, parfois agrémenté d'éventuelles récompenses, prix et médailles. Bien heureusement ce ne sont pas les seuls critères déterminants.

Le bilan détaillé des facteurs extrinsèques et intrinsèques va permettre à partir de la définition du besoin général et du poste de faire un choix mieux adapté et consolidé. Toutes les candidatures pourront être comparées et appréciées sous de multiples facettes. Le choix sera plus ouvert et plus convaincant.

Le meilleur choix : c'est avant tout de savoir pourquoi on l'a fait.

Les différentes cultures d'entreprise et les comportements d'autorité qu'elles génèrent, influent toujours directement sur la façon dont s'opèrent les choix des hommes. La tentation est grande de se soumettre à l'arbitraire pour plaire au système. Cette auto génération de faux choix est l'une des faiblesses essentielles contre lesquelles il est difficile de lutter.

Le « bottom-up » a le mérite d'être une approche simple et transparente qui traduit avec pertinence l'importance accordée par celui qui l'utilise, aux différents éléments d'évaluation pris en compte pour faciliter la décision.

Au milieu des contraintes du marché libre européen et de la concurrence mondiale, le renouvellement massif des cadres et des dirigeants est un enjeu de tout premier ordre d'une autre dimension qu'il appartiendra de maitriser avec une tout autre mentalité. Dans le choix des hommes, l'important n'est pas toujours de prétendre avoir fait le meilleur choix, mais de savoir pourquoi on l'a fait.

IV

Pour de nouveaux enjeux

IV – 1

Penser « l'emploi au futur »
C'est le besoin d'adaptation et d'anticipation qui prédomine…

On ne peut pas parler de « l'emploi au futur », sans prendre en compte une évolution profonde des mentalités. La mutation socio-économique des pays industrialisés au niveau européen et mondial est présente partout. Elle influe et influencera nos comportements et nos habitudes (anticipées ou contraintes). Cette mutation touche l'ensemble des secteurs technologiques, scientifiques, sociaux et culturels, comme les domaines politiques, économiques et financiers. Dans le contexte actuel, les progrès sont d'autant plus importants que le numérique, l'intelligence artificielle et la communication en réseaux en changent la « donne » en permanence. C'est le cas avec l'intelligence artificielle (IA) et le télétravail.

Conséquences des changements à venir sur fond de crise

La crise de l'emploi et l'aggravation du chômage, mises en exergue par une conjoncture économique jusqu'ici défavorable et un manque de perspectives crédibles mobilisatrices, contribuent à détériorer le climat social, accentuant à terme le caractère dual de notre société. La morosité ambiante persistante, amplifiée par une perte progressive de confiance et d'espoir, masque de fait la désadaptation, voire les risques réels de rupture de notre société, face aux multiples changements en cours dont il est difficile de dire s'ils en sont la cause ou l'effet.

Les conséquences de tous ces changements, d'origine, de nature et d'amplitude différentes, ne sont pas toujours perçues à leur juste mesure quand on les analyse séparément. Leur nombre, leur fréquence, leur interactivité et leur complexité correspondent à l'amorce de profondes mutations de nos sociétés commerciales et industrielles. La France va devoir continuer à l'appréhender à sa façon, avec ses atouts et ses contraintes.

L'accélération relative de cette mutation, prévue par tous les économistes, est difficile à contrôler. Elle est autant liée aux progrès technologiques et numériques qu'à l'évolution des rapports de force dans une mondialisation des échanges et une interdépendance politique, sociale, économique et financière, croissante. Cette accélération surprend autant qu'elle dérange. Elle prend de cours l'ensemble des sociétés industrialisées au moment où, déjà en crise, celles-ci traversent une période de récession, à la recherche d'un nouvel équilibre planétaire.

L'élément nouveau, à n'en pas douter, c'est que l'ordre de grandeur de l'unité de temps qui caractérisait les périodes de transition d'un cycle de civilisation à un autre ne cesse de diminuer. Des origines de la civilisation égyptienne à nos jours, il a été réduit par un facteur 1000 ! Ce qui pouvait s'apprécier sur des périodes de plusieurs milliers d'années, l'est maintenant sur une échelle de temps de plus en plus courte, souvent bien inférieure à la dizaine d'années ! Cette tendance à l'accélération du raccourcissement des cycles de vie concerne tout autant les biens et les produits de grande consommation que les applications industrielles issues des progrès scientifiques et techniques.

De la même façon, sur un plan sociologique, on constate une nouvelle forme de réactivité cyclique. Celle-ci se traduit, presqu'en temps réel, par des mouvements forts d'opinion et d'humeur, souvent associés à des nouveaux comportements qu'ils s'agissent des salariés, des consommateurs et des citoyens. De plus, ces comportements sont eux-mêmes très différenciés, suivant les générations, les genres et les catégories sociales.

Le travail et l'emploi : de nouveaux concepts...

C'est pourquoi le travail et l'emploi vont continuer à se modifier profondément dans leur forme, leur contenu et sur le fond, aussi dans leur concept, et ce, quels que soient le niveau et la durée d'un retour de la croissance. La référence au passé, à la croissance facile et au statuquo social, ne tient plus. La dimension sociale du travail est elle-même en pleine métamorphose. Elle est en train de prendre le pas sur le reste des priorités. Les modèles de développement et leurs formules toutes faites sont caduques. On ne réinvente pas la société, elle se bâtit elle-même, en s'adaptant, avec plus ou moins de fortune, à partir de ses atouts et de ses aspirations, en tirant partie au mieux de ses échecs. Cela ne se fait pas sans à-coups et sans heurts.

Au niveau de l'Hexagone, comme de nos autres partenaires des pays industrialisés, il n'y a pas forcément identité d'appréciation sur la perception et l'interprétation de ces changements multi facettes et disparates, encore moins sur les solutions. Lesquels constitueront à terme une rupture franche avec le passé ? Lesquels ne seront que des effets de mode ? Il n'est pas facile de le dire. Gérer en priorité leurs intérêts à court terme et les préserver à long terme aux conditions actuelles préoccupent davantage les États et les gouvernements que de se livrer à une hypothétique élucubration sur le futur.

Et pourtant, ne serait-il pas plus urgent de penser et de réagir autrement, avec audace et détermination ? Ne faudrait-il pas tenter d'identifier, de quantifier et de qualifier la réalité, la durabilité, l'importance et les conséquences de ces changements ?

Anticiper pour gérer l'évolution continue d'une société de progrès

Cette évolution ne sera pas non plus sans conséquence sur les décisions et les réponses à apporter aux problèmes sensibles non résolus concernant la construction européenne et sa défense, l'immigration et le terrorisme, la guerre en Ukraine ainsi que la situation au Proche-Orient et en Afrique, l'aide globale aux pays du tiers-monde, sans oublier aussi l'appréhension, au bon niveau, des risques écologiques liés à la protection permanente et indispensable de l'environnement.

En relation avec nos partenaires et concurrents, partout des interventions, des gestes et des engagements concrets doivent sceller ce qui peut n'apparaître encore aux yeux du grand public que comme une traduction politico-médiatique de l'évolution de notre société dans la mouvance d'un environnement complexe interdépendant.

En résumé, qu'on le veuille ou non, il faudra savoir anticiper en permanence pour gérer l'évolution continue d'une société de progrès.

IV – 2

Télétravail et Intelligence artificielle (IA)
Comment prétendre prédire l'avenir de l'emploi à 20 ans !

Le télétravail est désormais une nouvelle forme de fonctionnement non contestée dans l'ensemble. Elle permet d'exercer son métier en partie ou dans sa totalité à l'extérieur de l'entreprise voire à son domicile. Issu d'un accord entre le salarié et son employeur on parle de « télétravail ». La réalité de ce mode de travail à distance reconnu par la loi n'est pourtant pas sans critiques et sans conséquences sur l'activité.

L'entrée en force de l'intelligence artificielle (IA) va bouleverser tout l'univers de l'entreprise et ses salariés. Les périphériques en subiront les conséquences avantages et inconvénients.

Quelques données sur le télétravail en France

De plus en plus de métiers sont exercés tout le temps ou en partie dans un bureau ou sur des plateformes. Pour information, le télétravail concerne 47 % des entreprises de toutes tailles, 32 % des administrations publiques et 22 % des établissements scolaires. Pour 26 millions d'actifs en France, près de 11 millions d'entre eux en feraient ou en auraient fait l'expérience (41 % d'après Malakoff Humanis - 2022). Environ 10 % des actifs pratiquent le télétravail à plein temps.

Au simple télétravail se surajoute la notion de travail hybride, au domicile ou en tout autre endroit, reconnu et homologué. Il doit être dûment équipé de tous les « outils » informatiques et de protection informatiques nécessaires. Il peut englober tous les modes de télétravail de 25 à 100 %.

Les « avantages » reconnus

Le développement du travail à distance s'est accentué en raison du confinement lié au covid. A priori, l'opinion est favorable. 60 % des salariés impliqués se sentent plus productifs, plus concernés par leur mission. Les avantages déclarés touchent d'abord au gain de temps considérable en rapport avec les transports, à la réduction des frais (déplacement, restauration, etc.), à la flexibilité et à l'autonomie.

En permanence de l'emploi, l'entreprise peut réduire ses frais courants, ses taxes et sa surface occupée. En revanche d'autres dépenses vont apparaître et d'autres risques sont à prendre en compte pour l'employeur et pour l'utilisateur. La cybersécurité et la protection des données sont essentielles jusqu'au « Cloud ».

Quelles incontournables précautions pour le travail à distance ?

Il est difficile de prévoir la limite de croissance du travail hybride. L'absence même partielle du milieu professionnel est un handicap. La difficulté du contact aux autres, supérieurs, subordonnés ou collaborateurs se fait très vite ressentir.

C'est loin d'être une mince affaire de maintenir ou de développer le travail en équipe, en évitant l'isolement. Le choix des personnes en télétravail pour une promotion ou une nouvelle responsabilité, est souvent reproché. La formation permanente influe sur la qualité du travail. L'éloignement fréquent du terrain professionnel influe sur le choix. Un des problèmes souvent évoqués : comment préserver et fidéliser les talents ? La visioconférence tient une place essentielle. L'objectif demeure la mise en place d'une plateforme unique pour rendre les informations accessibles à l'ensemble des collaborateurs bien identifiés.

Le retour en entreprise est prôné avec vigueur en particulier dans le numérique aux Etats-Unis : Gafam, Google, Amazon, etc. C'était eux qui avaient encouragé et usé de ces pratiques à distance. Ce qui n'a rien d'étonnant pour la créativité et l'innovation.

L'Intelligence artificielle envahit le monde du travail

Désormais l'IA est l'un des plus puissants moteurs de transformation de l'activité dans les entreprises. Grâce à des algorithmes avancés l'IA permet de traiter et d'analyser ces données avec vitesse et précision. La transformation des données se retrouve en synthèse en intelligente. Des programmes numériques en concurrence s'offrent aux simples utilisateurs. On retrouve Chatgpt, OpenAI, Gemini, Mistral, etc., tous qualifiés au premier rang d'outils d'une intelligence artificielle générative.

L'introduction progressive de l'intelligence artificielle dans l'activité quotidienne ne se fait pas simplement. Le changement peut inquiéter sérieusement sur le rôle de l'Humain dans l'entreprise devant les nouvelles technologies numériques en pleine évolution. L'adaptation à ces nouveaux outils requiert de la patience et une valorisation du personnel dans l'action face à ce changement permanent.

Appréciation des risques d'isolement

Le cumul du télétravail et de l'usage permanent de l'IA est un risque important à ne pas sous-estimer. L'espace solitaire et l'absence de contacts entre collaborateurs sont un handicap croissant qui va s'opposer au gain espéré par cette révolution de l'intelligence numérique. L'accessibilité à tous, ajoutée à la facilitation du travail, peut aussi être un danger pour la prise de décision, sans consultation. C'est pourquoi, il importe de ne jamais oublier que c'est l'Humain qui prédomine.

Certes, il ne faut pas négliger l'apport exclusif de l'IA pour soulager les équipes de tâches répétitives et permettre à chacun de mieux se consacrer à des missions à valeur ajoutée. Allant plus avant, c'est aussi la capacité d'identification d'obstacles dans le déroulement d'un projet. Les apports de ces programmes de traitement des données sont sans limite. La puissance de l'intelligence artificielle n'en est qu'à ses débuts à en croire les « brillants spécialistes » qui ont déjà du mal à maîtriser les données.

Premières conclusions

Dans tous les cas de figures, comment s'y prendre pour faire machine arrière pour le télétravail ? C'est impossible ! L'intelligence artificielle (IA) à toutes les sauces ? Aucune limite dans l'utilisation de l'outil avec un personnel en télétravail à plein temps ou partiel ? Le choix de la décision appartient aux patrons et dirigeants. Questions en suspens : à propos de la présence obligatoire ? Quid des refus des « passe-droit » ? La liste des arguments « pour » ou « contre » est encore longue et indéterminée.

Automatiser les emplois, tous les emplois, s'affranchir du concours du salarié ? De l'intelligence humaine ? Des dizaines questions restent sans réponse sur le fond ? Le Télétravail, le travail hybride et l'IA ne manqueront pas d'obliger à se les poser. C'est là un autre aspect qui méritera de s'y attarder...

IV – 3

Créativité et innovation
Un sérieux deal pour l'entreprise

Plus que jamais, qu'elles soient grandes, moyennes ou petites, à tous les niveaux, les entreprises, pour survivre et progresser, doivent s'adapter rapidement dans un environnement qui évolue sans cesse. Innovation et créativité deviennent pour elles une nécessité. Ces impératifs sont les clés de la compétitivité dans le cadre d'une mondialisation sans régulation qui s'apparente à une vraie guerre économique dans de nombreux secteurs.

Savoir s'adapter voire anticiper les situations

Aujourd'hui, l'entreprise, pour répondre aux situations nouvelles et trouver des solutions adaptées aux problèmes rencontrés, doit non seulement faire preuve de créativité, mais surtout se montrer innovante. Les contraintes sont toujours les mêmes : lutter face à une concurrence, au meilleur coût, en apportant une valeur ajoutée importante.

À tout moment et dans tous ses domaines d'activité, l'entreprise devra à chaque instant se poser les questions suivantes : quel est l'état du marché ? Pourquoi innover, quel en est l'objet, où et quand le faire, avec qui et comment y parvenir ? Et tout ceci dans quel but et au bénéfice de qui ? Pour quels résultats ?

Être réactif face aux aléas

L'entreprise, pour être réactive, faire face aux difficultés qu'elle rencontre et devenir meilleure, devra impérativement :

– Cultiver sa capacité de veille (réceptivité)

– Adapter sa vitesse de réaction aux divers changements (flexibilité)

– Accroître la qualité de son fonctionnement et son potentiel d'imagination (créativité)

– Intégrer alors une stratégie de changement et d'innovation.

Pour être pérenne et progresser, l'entreprise va donc devoir :

• Revoir tous ses objectifs en fonction de ses moyens financiers, du marché et de l'état de la concurrence, des besoins et des attentes de ses clients.

• Se recentrer sur ses métiers, s'organiser et manager autrement les compétences des individus qui la composent.

• Exploiter au mieux ou faire évoluer ses savoir-faire, ses moyens techniques (outils, procédés et processus), et surtout lancer de nouveaux produits ou services.

Un véritable outil de changement

La créativité devient pour l'entreprise un formidable outil de changement, pour innover, stimuler et accroître sa capacité d'adaptation et d'anticipation, débloquer des situations tendues et conflictuelles ou plus généralement résoudre les problèmes d'ordre technique, économique et humain. La créativité est un outil de compétitivité, indispensable pour la consolidation ou la conquête de nouveaux marchés.

Être créatif et faire preuve d'imagination ne suffit pas pour déboucher sur des actions innovantes. S'il est nécessaire d'exploiter le talent, le potentiel créatif est partout, là où il se trouve en tant que ressources. C'est l'innovation qui traduit le fruit de la créativité pour l'entrepreneur.

Encore faut-il le révéler, le stimuler, l'entretenir, en mobilisant toutes les énergies de manière volontariste et persévérante, et en utilisant une méthodologie adaptée.

Il existe des méthodes de créatique qui permettent, soit de faire émerger des idées répondant à différentes problématiques, soit de passer de l'idée créative au produit, procédé ou service innovant, au mode de fonctionnement ou à un style de comportement original, et d'en faciliter l'acceptabilité.

IV – 4

Une compétitivité « intelligente »
*C'est une « autre » approche
pour faciliter la réactivité*

Toute organisation doit être conçue pour permettre des prises de décisions rapides et cohérentes, en répondant avec efficacité aux exigences d'évolution dans le futur au plan économique, technique et humain dans un contexte réaliste environnemental. L'élément moteur dans cette démarche est synonyme de compétitivité. Mais pas n'importe quelle compétitivité à n'importe quel prix ! C'est une compétitivité « intelligente » qu'il faut favoriser et mettre en œuvre, au service de tous.

Réactivité, cohérence et dynamique : des paramètres essentiels

Salariés comme entrepreneurs, banquiers et partenaires sociaux, nous sommes tous concernés par cette approche, sans oublier nos politiques, trop souvent absents du débat ! Sur le terrain, les mentalités sont en retard par rapport au besoin de souplesse et devant la vitesse d'évolution du marché, en matière de communication, la rapidité des transformations technologiques, numériques et scientifiques et les mutations sociales.

Aujourd'hui, en termes de compétitivité « intelligente », le temps est un facteur qui a pris une importance capitale, en termes de fréquence et d'amplitude pour l'ensemble de toutes les variables internes et externes au milieu considéré. Pour autant, il ne faut jamais confondre vitesse et précipitation. Pour satisfaire ce besoin et réussir une compétitivité « intelligente », la réactivité est une donnée essentielle. Pour mieux maîtriser la compétitivité, il importe de se référer aux trois notions fondamentales, déjà évoquées : la réactivité face au changement permanent, la cohérence dans l'action et la dynamique du système environnant.

Les dirigeants et responsables ne doivent pas oublier que la compétitivité « intelligente » ne se limite pas à une affaire de coûts. C'est aussi une affaire de volonté et d'objectifs, en liaison avec l'ensemble des autres paramètres. Cette compétitivité « intelligente » devra intégrer le « tout numérique » avec l'évolution de l'ensemble des nouvelles technologies qui doit aider à répondre en partie à ce besoin de « nouvelle » réactivité indispensable.

C'est donc cette « nouvelle » réactivité qui va permettre de contrôler, dans le sens anglo-saxon du mot, l'existence et la viabilité même du système. Il ne faut pas confondre réactivité et flexibilité. La réactivité sans flexibilité est impossible. Mais la flexibilité seule ne sert à rien.

L'activité « intelligente » crée la richesse qui stimule la croissance

A chaque besoin d'activité correspond un savoir-faire, des moyens, une organisation et des individus. C'est cet ensemble qui génère l'action. L'activité produite crée de la richesse qui elle-même stimule la croissance à l'origine de nouveaux besoins et de nouveaux emplois. C'est un cercle vertueux. Parler d'activités au sens large permet de distinguer en particulier dans l'entreprise, des activités de caractéristiques très différentes. Elles peuvent se décliner selon trois qualificatifs, pérennes, partielles et occasionnelles. Dans les mentalités ces deux derniers qualificatifs ne sont pas pris en compte autant dans l'esprit des salariés, des patrons et de l'État.

Les lois, avec leurs champs et leurs délais d'application sont loin de répondre aux critères de cohérence et de réactivité. Entre le moment où elles sont établies, votées et la parution du décret, le problème n'est plus le même. Il faudra veiller à ce que la loi n'engendre pas vis-à-vis des acteurs une perte flagrante de réactivité. Là encore, le « tout numérique » peut aider à mieux s'affranchir de cette variable exogène. La France ne peut plus à l'occasion de chaque décret législatif transformer une décision simple en « usine à gaz ». La notion d'efficience reste valable en priorité aussi pour l'État. La durée du temps de travail dans la mesure d'une efficacité et d'une efficience reconnues n'est pas un critère de réussite mais un seuil pour le paiement d'heures supplémentaires !

Savoir anticiper et se renouveler

Dans l'entreprise, il faut savoir anticiper et se renouveler toujours en tenant compte des réalités environnementales. Le développement de l'activité ne peut pas se résumer à un perpétuel recommencement. Pour beaucoup d'activités, il est essentiel de faire face à la concurrence et de savoir anticiper les évolutions techniques et technologiques. C'est un des enjeux déterminants dont les responsables de l'entreprise doivent se convaincre. Recherche, développement, créativité et innovation sont des éléments moteurs pour progresser, anticiper et produire pour répondre aux besoins des clients et du marché.

Le tout doit se faire avec un souci permanent de progrès en cohérence avec une dynamique suffisante pour réagir en favorisant une compétitivité « intelligente » au service de tous...

IV – 5

Marketing : opérationnel et stratégique
Les clés indispensables du développement

Au départ, la notion de promotion des ventes se confondait avec la publicité et la politique des annonces à la radio, dans les journaux, les hebdomadaires associées à des clichés audiovisuels. La communication interne et externe a complété rapidement le tableau en tentant d'articuler et d'expliquer l'ensemble.

Depuis des décennies, on parle désormais de marketing. Le marketing est une des clés de progrès et de survie d'une entreprise dans un environnement concurrentiel. Ses effets sont multiples : ouverture du marché, consolidation de l'activité, renforcement de la notoriété de la marque, fidélisation des clients et découverte de prospects.

Le marketing courant, dit « opérationnel »

Développer le marketing est donc essentiel. C'est une des fonctions vitales de l'action dans l'entreprise. Cela passe par une connaissance approfondie de sa propre entreprise, comment elle se situe par rapport à la concurrence, ses atouts, ses forces et ses faiblesses. La dynamique de réalité du marché par rapport aux besoins et souhaits de commanditaires et de clients réels ou potentiels (produits, prestations, études et conseils, services, etc.)

Le marketing opérationnel est perçu comme un outil indispensable à l'orientation des ventes. Associé à une politique de l'offre, il a la charge de faciliter la promotion en liaison avec la publicité. Inutile de les énumérer, mais tous les canaux de communication et les réseaux sont à sa disposition pour transmettre ses messages au plan national et international. Le marketing prend en priorité l'étude des besoins, tout en cherchant à améliorer la situation de l'entreprise et sa place sur les segments du marché et par rapport à celui de la concurrence. Il contribue à la recherche de prospects et la fidélisation de ses clients par la qualité et le juste prix. Quelle que soit la taille de l'entreprise, son statut, public ou privé, son organisation, l'outil marketing fait partie de la panoplie du manager.

Le marketing stratégique anticipatif

La conquête du marché ne peut pas se résumer à une routine et à une simple planification réflexe. Il faut réagir en favorisant les recherches de créativité et d'innovation. L'objectif est de parvenir à les transformer en résultats concrets proposables à des prospects, eux-mêmes sollicités par une vraie politique de l'offre de l'entreprise. Le marketing stratégique anticipatif est l'outil qui peut permettre d'atteindre ces objectifs. La première des conditions évidente : l'entité commerciale doit avoir déjà une politique de marketing, déjà associée à la stratégie de l'entreprise.

En parallèle avec le marketing opérationnel, le marketing stratégique se doit d'anticiper dans la plupart des secteurs. Il va devenir l'outil de conquête du marché. Avec de nouveaux créneaux sur le marché, de nouveaux produits, des prestations et des services prévisibles ou à influencer. Il tend à rapprocher la politique de l'offre et de la demande pour conforter le client, favoriser son écoute tout en l'amenant progressivement vers le « nouveau ».

En développant des études, le marketing stratégique finit par répondre aux besoins des commanditaires et d'autres prospects à la fois sur ses créneaux et devient anticipatif sur des créneaux voisins.

Il permet d'éviter certains écarts prospectifs coûteux. Ces atouts renforcent la compétitivité, la notoriété de la marque, le positionnement de l'offre et la crédibilité du résultat promis.

La complémentarité du marketing opérationnel et du marketing stratégique doit permettre avec la connaissance du marché, des objectifs et de la planification d'améliorer la compétitivité et la rentabilité de l'entité (entreprise, etc.) Un choix des collaborateurs et de responsables qui ne méritent pas d'écart pour le manager.

V

Le savoir-être dans l'action

V – 1

Le management en question
Un savoir-faire « multifacettes » à maîtriser…

Quelle que soit la taille de l'entreprise, son statut public ou privé, l'échelon auquel on se retrouve, le mot « management » a un sens élargi. C'est de la maîtrise de la relation aux uns et aux autres dans l'action dont il s'agit.

Appréhender le management à son juste niveau

Le premier niveau, composé de quelques-unes à une quinzaine de personnes, est en général qualifié de « groupe primaire ». Il est caractérisé par un « management d'équipe » lié avant tout à un comportement psychosociologique. Essentiellement sont concernées les très petites et petites entreprises (TPE et PE) ou certaines unités autonomes locales d'autres entreprises plus importantes. Des services publics, des organismes et des associations peuvent aussi être concernées.

Le second niveau, au-delà de la vingtaine de collaborateurs, est considéré comme un « groupe secondaire ». Alors, c'est d'un « management d'entreprise » dont on parle. Il va dépendre en priorité de la raison sociale de l'entreprise, de sa taille réelle et de sa structure hiérarchique. Les moyennes entreprises (ME) et les entreprises de taille intermédiaire (ETI) s'y retrouvent. Ce « management d'entreprise » correspond à la mise en œuvre d'actions collectives pour réaliser un travail avec efficience et efficacité.

Dans les grandes et très grandes entreprises (GE et TGE), parler de « management » est interprété de multiples façons. Dès lors que l'on se préoccupe des niveaux supérieurs, plusieurs centaines, voire milliers de personnes, les nuances de « management » sont importantes et elles dépendent souvent du niveau hiérarchique concerné. Mais c'est toujours d'un « groupe restreint » dont il s'agit, composé de quelques personnes et collaborateurs. Le savoir-faire est multifacette. On parle de « management stratégique », de « management opérationnel », de « management de projet », sans oublier tous les dérivés qui en découlent. La liste est longue, rappelons simplement pour illustrer le propos : le « management de la communication », celui des « connaissances », de « l'innovation », de la « qualité », du « risque » et de la « sécurité », etc.

12 recommandations indispensables pour réussir dans l'action

Voici 10 recommandations à prodiguer à tous les chefs d'entreprise et aux responsables à tous niveaux sur les thèmes que nous venons d'aborder :

(1) Combattre avec force les idées reçues, les mythes et les tabous en observant, en écoutant activement et en se forgeant sa propre opinion sur des faits et des résultats ; privilégier l'activité pour pouvoir anticiper la reprise et décider en se tournant délibérément vers l'avenir.

(2) Refuser toujours la fuite en avant et les solutions faciles, en acceptant de voir la vérité en face sans concession ; savoir en tirer les conséquences au plan stratégique en choisissant avec soin ses partenaires financiers et ses associés.

(3) Croire dans la marge de progrès d'efficience qui existe partout dans l'entreprise avant de procéder à des réductions d'effectifs ; exploiter ces sources de productivité en termes d'activité favorisant l'emploi ; investir en faisant preuve de courage, d'audace et d'imagination.

(4) Connaître son marché et ses clients, apprécier la concurrence ; bâtir et faire partager sa stratégie, la suivre en se donnant les moyens d'avoir en permanence une vision globale et précise de l'activité, du fonctionnement, de la gestion et des résultats, à tous les niveaux ; s'appuyer sur une organisation repensée, légère, souple et adaptable.

(5) Mobiliser toutes les forces internes de l'entreprise autour de projets concrets et porteurs, dans le respect de tous, en recherchant la performance - c'est d'elle que viendront les profits et non l'inverse - dans la cohérence, en étant réactif et dynamique et en refusant l'assistanat ; développer un système de gestion dynamique des compétences et des potentiels valorisant pour tous, sans exclusive.

(6) Faire un effort important sur le choix des hommes et de la relève, en les préparant et en les formant, tout en rappelant que la remise en cause à tous les niveaux fait aussi partie du risque à assumer. Encourager, favoriser et assurer la mobilité utile, géographique ou non, qu'elle soit fonctionnelle, thématique et/ou opérationnelle, et ce, à tous les niveaux.

(7) Faire en sorte de repérer, de mieux utiliser et de valoriser le *leadership* local et sa valeur d'exemple, en se rappelant que l'adhésion est contagieuse ; développer par ailleurs la communication et l'écoute active sur le terrain au plus proche de l'action et des hommes. Ne pas oublier les vertus de la délégation, preuve de confiance.

(8) Encourager et préférer, chaque fois que cela est possible, l'effet mobilisateur, même dérangeant, du pouvoir dynamique au conservatisme du pouvoir statique. La permanence du besoin d'apprendre ne peut être absent du développement. C'est pourquoi il importe de jamais ignorer la formation-action.

(9) Faciliter l'accession aux rôles des plus imaginatifs et des plus performants dans l'action en référence à leurs réalisations concrètes, en s'attachant le plus possible à sortir des sentiers traditionnels.

(10) Face à des contrats d'objectifs précis et clair, déléguer, responsabiliser, récompenser et sanctionner si nécessaire, à la vue des résultats concrets obtenus, au juste prix et à bon escient.

(11) L'entreprise, l'unité, l'organisme, etc. constituent eux-mêmes avec leurs propres règles, exigences et contraintes. Mais ces ensembles ne sont pas seuls. Ils appartiennent à d'autres ensembles suivant les domaines qui constituent le système qui caractérise la pression dans l'action.

(12) L'économie de marché, le suivi des finances, la place de la concurrence le dialogue social et le respect des représentants syndicaux. Le tout en conformité avec le millefeuille administratif de l'État.

Pour terminer, il importe de rester vigilant et de garder présent à l'esprit qu'en matière de management des hommes et des entreprises la célèbre loi de Lavoisier s'applique aussi : «Rien ne se perd, rien ne se crée, tout se transforme.» Dans tous les cas ne jamais oublier d'encourager, de féliciter, de récompenser et de promouvoir les contributeurs à la réussite du projet.

V – 2

Une responsabilité à durée limitée
Une donnée essentielle trop souvent négligée...

L'exercice du pouvoir, à tous les niveaux, est étroitement associé à la notion de responsabilité à durée limitée, ce que beaucoup ont une fâcheuse tendance à oublier. Seul le pouvoir au service d'un objectif ou d'une mission avec un contrat de résultats gardera un sens. C'est cette responsabilité, qui utilise le pouvoir comme moyen d'action, qui a un sens véritable. Elle implique par définition des devoirs, des droits et l'acceptation implicite du risque d'une remise en cause permanente.

Il est vrai qu'en dehors des réajustements politiques, faisant partie des règles admises de l'alternance, les limogeages ou les démissions forcées sont suffisamment rares pour faire la *une* des journaux spécialisés. Hors affaires judiciaires et malversations, cette forme d'impunité garantie dans l'exercice du pouvoir, dont la plupart de nos dirigeants n'ont pas besoin, vient ternir leur image de responsables, occultant la possibilité de remise en cause.

Pouvoir et responsabilité sous-entendent « remise en cause »

Les missions ne sont pas éternelles et de tout confort. Les besoins de l'entreprise évoluent au gré des échéances et des circonstances. La mobilité de fonction ne s'applique pas sans discernement. Tous les responsables ne sont pas interchangeables à l'infini. Le souci de la performance oblige à revoir en permanence l'adéquation des hommes et des rôles. Il faudra perdre cette habitude qui consiste à se débarrasser par le haut des personnes dont on veut se séparer ou à garder éternellement en fonction celles pour lesquelles il n'existe pas de poste à leur proposer. Il y a bien d'autres manières d'utiliser leurs compétences et de faire valoir leur expérience !

La rente de situation, le secteur tranquille protégé, la responsabilité par tradition ou par habitude sont devenus de véritables fléaux qui minent l'entreprise dans sa cohérence, sa réactivité et sa dynamique. C'est ainsi que toute hésitation à remettre en cause l'attribution d'une responsabilité de pouvoir détruire aux yeux de tous la valeur même du contrat. Trop souvent en tergiversant, la hiérarchie par peur de se déjuger montre le mauvais exemple.

La responsabilité se mérite même si elle admet l'erreur et la maladresse. Dans la relation naturelle à l'autre, le pouvoir se déploie dans des interactions multiples. Le pouvoir s'exerce selon un jeu de relations par définition qui ne sont pas égalitaires, souvent qualifiées de hiérarchiques. C'est un contrat de confiance qui donne un sens au travail et au rôle à tenir. Il appartient de le respecter sans faillir, dans un esprit d'ouverture, en ne tolérant ni l'injustice, ni le mépris de l'individu, surtout dans ce qu'il a de plus cher, c'est-à-dire sa dignité.

Mais, en situation de crise, la notion de la responsabilité ne s'arrête pas là. Les enjeux et les données ne sont plus les mêmes, ils sont ailleurs. Aussi, ce qui me paraît plus important et le plus urgent, c'est de pérenniser la qualité du pouvoir en veillant à utiliser au mieux les ressources et les compétences de l'entreprise. Pour maintenir et développer cette capacité de relève, il importe de montrer l'exemple au plus haut niveau de l'entreprise, en récompensant et en sanctionnant à bon escient.

Quant à la remise en cause du « top » des dirigeants...

D'ailleurs, pour le « top » des dirigeants de grandes et très entreprises, ils seraient, « sur le papier », également concernés par cette notion de remise en cause, à une échelle et dans un environnement qui sont très différents. Le maintien sans condition l'emporte presque tout le temps. Si de mauvais résultats permanents peuvent servir de marqueurs inconditionnels, les faits nous prouvent qu'ils ne sont pas déterminants !

Il est vrai qu'en dehors des réajustements politiques ou stratégiques, faisant partie des règles admises de l'alternance, des limogeages, des démissions forcées ou des départs à la retraite anticipée, ces remises en cause interviennent à la « *Une* » des quotidiens ou de journaux spécialisés. Les « sortants » sont gâtés pour la plupart. Ces actions permettent aux yeux de l'opinion de minimiser les raisons du départ. En politique, les gouvernants en raffolent.

Une forme implicite d'impunité protège l'individu dans l'exercice du pouvoir. Suivant leur position, la plupart de nos dirigeants en bénéficient à des degrés divers. Cependant il faut combattre tout comportement d'excès ou d'abus destiné flatter leur « ego ». Ne jamais oublier qu'aucune responsabilité est à durée indéterminée. C'est indispensable de le rappeler.

V – 3

Contrôle et maîtrise de l'action
Attention de ne pas faire la confusion

La multiplicité du contrôle, à tout instant et à tout propos le rend insupportable dans l'exercice quotidien du travail. Un autre handicap sérieux pour obtenir un contrôle sérieux tient au nombre disproportionné des « pseudo-contrôleurs » qui interfèrent sur un sujet déterminé par rapport au nombre réel d'acteurs opérant sur le terrain. Des cas pathologiques d'entreprises qui se prétendent en bonne santé permettent de recenser sur deux à trois niveaux consécutifs de responsabilité jusqu'à trois ou quatre intervenants pour un contrôlé, auxquels s'ajoute la hiérarchie directe surabondante !

Confusion à propos du mot « contrôle »

A partir du moment où chacun reconnaît la fonction hiérarchique et la notion de responsable, peu de gens contestent dans l'absolu le besoin de contrôle. Dans la pratique l'accueil du contrôle est plutôt mal ressenti. L'incapacité de l'entreprise à en faire un usage intelligent et à en démontrer dans la plupart des cas, l'imprévisible nécessité l'a déprécié aux yeux de beaucoup. La confusion qui règne sur la signification du contrôle et sur l'usage qui en est fait est sans aucun doute parmi toutes les faiblesses, l'une des plus graves que connaisse l'entreprise française encore aujourd'hui.

On retrouve cette confusion d'interprétation dans le « Petit Larousse » lorsque l'on se réfère aux sens attribués au mot « contrôle » : 1. Vérification, inspection de la régularité d'un acte, de la validité d'une pièce ; 2. Marque de l'État sur les ouvrages d'or, d'argent, de platine ; 3. Vérification de l'état d'un produit ou d'une machine, d'appareils ; 4. Maîtrise de sa propre conduite, de la manœuvre de véhicules ; etc... Comment pouvait-on imaginer qu'il en fut autrement après plus d'un demi-siècle de taylorisme, au milieu d'une vétusté bureaucratique qui ne touche pas uniquement les « grands ensembles publics ». Le secteur « privé » n'a rien à leur envier.

Nos amis « anglo-saxons », en apparence au vocabulaire jugé moins riche et moins précis, sont sur ce point beaucoup plus clairs. La hiérarchie des sens qui est proposée par le Harrap's au mot « control » permet de lever aussitôt toute ambiguïté d'interprétation : 1. Autorité, direction, à la tête d'une affaire ou d'une entreprise ; 2. Maîtrise, conduite, équilibre ; 3. Commande d'un mécanisme ; etc... A la lecture de ces définitions on serait tenté de classer le mot « control » dans la série des faux-amis ! Et pourtant, il n'en est rien. Il s'agit simplement d'une différence profonde de mentalités et de comportement dans l'action.

En France, l'aspect inquisiteur, limité et borné domine encore le sens du mot « contrôle ». Cela met la personne contrôlée dans une situation d'infériorité par rapport au contrôleur. En position de force, ce dernier confond très vite son rôle et sa finalité. La procédure devient une fin en soi. Le responsable contrôleur papivore a de belles années devant lui. Résultat : le moindre contrôle, de quelque nature qu'il soit, dès lors qu'il ne touche pas à la sécurité des personnes et qu'il n'implique pas directement le contrôlé, est difficilement supporté. Il témoigne de l'incapacité d'un système à vaincre ses propres contradictions. C'est là que l'excès d'un contrôle permanent, mal expliqué et surabondant est pernicieux. L'info-manie hiérarchique fait partie de ces contrôles insupportables.

Avec Internet, sms et mails en surnombre n'ont pas forcément arrangé la « donne ». Facebook, Instagram, X complètent la donne sans parler de WhatsApp. L'IA, les outils numériques, le digital vont bouleverser les habitudes. Le progrès dans le travail est aussi un mal pour un bien. Le travail est aussi un bien pour un mal. Ne sortant plus de leurs bureaux, certains sont figés sur leur(s) micro(s) ou avec leur portable. Ils refont plusieurs fois par jour le même circuit fermé, posant les mêmes questions aux mêmes personnes pour obtenir les mêmes réponses. Les contrôlés ont coutume d'appeler cette forme de surplace en circuit fermé : la technique de la « cage d'écureuil ».

Les vertus de la maîtrise de l'action

Le contrôle dans le sens anglo-saxon du terme dépasse, et de loin, l'examen du fonctionnement et de l'activité. Il englobe le suivi de l'organisation des relations entre individus, de leur adéquation aux tâches, de la transmission de l'information. C'est aussi l'assurance de la bonne connaissance de la répartition des responsabilités et de la compréhension des montages structurels mis en place. Il s'enrichit d'une écoute attentive et patiente des retours des contrôlés. L'attachement au détail n'est pas synonyme de frein. Le responsable doit sentir au travers du contrôle comment il peut obtenir le meilleur rendement de la part de son personnel au milieu des contraintes en lui préservant la plus grande liberté possible d'initiative. La compétitivité requiert de gérer avec intelligence tous les problèmes d'interfaces et de frontières. Ils doivent être appréhendés avec franchise et détermination dans un esprit de juste équilibre.

Toute action de contrôle pour être comprise admise se doit d'être accompagnée de conclusions et de décisions sur la qualité, les acquis, les manques et l'orientation de la poursuite du travail. C'est une occasion supplémentaire de faire ses remarques, d'exprimer ses inquiétudes comme ses satisfactions à l'égard des actions de ceux qui sont sur la sellette. Cela peut aller de modifications mineures à des changements importants. En général, en matière de suivi interne de contrat de résultats, la pratique de l'autocontrôle qui s'appuie sur un échange systématique informel, un dialogue permanent, une communication libre à tous les niveaux, assouplit la démarche qui perd son côté stressant parfois humiliant sans en affecter l'efficacité.

Conclusion

Le contrôle dans l'action du manager va dépendre de la façon dont il est mis en place. Il doit faire partie des gestes naturels que perçoit le personnel dans son travail au quotidien. La rigueur et la fermeté sur l'essentiel, associées à une souplesse raisonnée sur les détails, rejetant lourdeur et bureaucratie, sont les meilleurs garants de l'équilibre et du dynamisme de l'entreprise dans un contexte économique concurrentiel contraint et instable. En outre, le sentiment encouragé de participer activement à la réalisation des objectifs de celle-ci et à sa réussite procure à l'individu une impression légitime d'indispensabilité qui le responsabilise. Cela ne ferme pas pour autant les portes d'un contrôle actif, dans le respect sans faille des règles du jeu établies, quels que soient les outils et les méthodes employées. N'oublions pas que le manager assure la maîtrise du contrôle au quotidien, tandis que le leader nous transpose dans le futur. Chacun doit être dans son rôle, mais le laisser-faire en la matière n'est certainement pas la façon d'agir…

« Au nom du contrôle, un patron peut bloquer la créativité, tarir la motivation et susciter des rancœurs ou de résistances. Mais il existe des méthodes de contrôle qui stimulent la créativité, développent la responsabilité.

V – 4

L'origine des conflits dans l'entreprise
Un regard indispensable pour mieux les appréhender

La vie du manager ne se limite pas à une gestion, académique et superficielle ou technocratique et détaillée, de ses domaines d'action. En particulier, il se croit intouchable parce qu'il est souvent tenu par un emploi du temps figé, des plannings intouchables, une méthodologie rigide et une relation hiérarchique imposée. En cas de conflits locaux, le patron, a priori responsable, contourne l'obstacle, en l'ignorant ou en déléguant à un de ses proches le soin de résoudre le problème.

Lorsqu'on se penche, sans passion, avec assez de recul dans le temps et en prenant un peu de hauteur, sur l'étude de la majorité des problèmes sérieux, vécus et observés dans les entreprises, toutes tailles confondues, il est remarquable de constater que les sources des conflits trouvent presque toujours leurs origines dans *le passé, l'information et le changement.*

Le système P.I.C.

(1) **Le passé (P)** est une des clés, quand il est pris au sens de l'histoire de l'unité ou du groupe, de ses racines, de ses motiva-

tions initiales, de son impact au sein de l'entreprise, de ses structures, de ses hommes, de ses habitudes de ses réussites et de ses échecs. Combien de fois, l'incompréhension, le malentendu n'ont pour origine qu'une référence au passé. L'histoire de l'unité doit être connue, comme celle de ses responsables. Personne ne peut et ne doit renier ou ignorer le passé de son entreprise. Ce constat est un précieux révélateur de causes de conflits. Le manager en place ne peut pas l'ignorer.

(2) **L'information (I)** dont le besoin reconnu est évident, n'est pas une fin en soi. Elle ne va pas sans communication. Même lorsque l'information est abondante (courriels, Internet, vidéos, réseaux, affichages, notes…), celle-ci n'est pas un gage de tranquillité pour le manager. Le trop d'information, le manque d'information comme la désinformation ou la médiocrité de la communication entraînent des malentendus qui deviennent souvent les germes de situations conflictuelles. N'oublions pas que c'est la communication qui donne le signe de vie dans l'entreprise. Elle a la même fonction que le sang dans le corps humain !

(3) **Le changement (C)**, sous toutes ses formes, si minime soit-il, est aussi une action qu'il faut mener avec tact, souplesse et sans dogmatisme. Le consensus des esprits et de l'intelligence est ici une donnée de base de la réussite. Il passe par un exposé clair des motifs et une écoute constructive réciproque des arguments opposés, avant la prise de décision. Improvisé, imposé sans concertation, technocratique, général, local ou individuel, dès lors qu'il n'est pas compris, le changement n'est pas admis. Le mot « réforme » est dans la bouche de tous mais les propos sont trop souvent sans contenu et sans explication. Pour la plupart, ils se gargarisent très souvent dans une communication de pure forme, sans contenu et surtout sans message. Ils s'étonnent (mais parfois seulement) de ne pas être compris !

Quelques conseils essentiels

Les remèdes à utiliser sont classiques. Ils consistent à écouter, dialoguer, expliquer, persuader, enfin à trancher. Ne jamais promettre ce que l'on n'est sûr de ne pas tenir. S'il joue le rôle du soignant, le manager doit s'attaquer à sa tâche. A propos de décisions, en matière de conflits, le manager doit aussi à tout prix, au risque de se tromper, éviter de tenir des propos lénifiants, de pratiquer la technique de la poire coupée en deux, de dégager sa responsabilité, de se poser en donneur de leçon, etc. Et, ne jamais oublier que si le temps est son meilleur allié, il ne souffre pas l'inaction. Pris isolément, deux à deux ou en conjonction, le passé (1), l'information (2) et le changement (3) constituent un schéma d'analyse (le système P.I.C.) qui révèle avec acuité les véritables origines de la plupart des problèmes relationnels que peut rencontrer un manager dans sa vie professionnelle.

Connaissant avec plus de discernement, les origines des conflits, on peut en comprendre les causes et en deviner les effets. Mais attention, les raisons des causes et les conséquences des effets sont nombreuses et très différentes. Une dernière remarque s'impose. Cette approche sur l'identification des conflits est un outil indispensable pour les dirigeants dans leurs relations avec les représentants du personnel comme dans les négociations avec les syndicats.

V – 5

L'état d'esprit du changement
Le meilleur garant de la réussite

L'art de réussir un changement, permanent ou non, tient à la légitimité des personnes chargées de le mettre en place, à leur capacité de mobilisation, à leur savoir-faire et à leur aptitude à trouver un « juste » équilibre dans l'action. Tout ceci correspond à un état d'esprit à entretenir qui sera le meilleur garant de la réussite.

Identifier les obstacles au changement pour mieux les maîtriser

Souvent les premiers obstacles au changement dans l'entreprise sont pour la plupart d'ordre socio culturels et psychologiques plus que matériels ou économiques. Tous les rapports sur les réformes dans les entreprises, quelle que soit leur taille, citent entre autres, comme premières raisons du refus de changement, des raisons personnelles, le « chacun pour soi », le mandarinat, le confort apparent, la force des habitudes, l'étroitesse d'esprit, le manque d'idées, l'absence de courage et la désinformation…

Au-delà de ces premiers obstacles, il existe d'autres freins classiques au changement, pouvant aller de simples déviations à l'échec. Des paramètres identifiables viennent perturber la conduite du changement. A noter : les délais de mise en œuvre, trop longs ou trop précipités ; le coût de l'action, en temps, financièrement et en énergie dépensée ; le manque de coordination des actions et de préparation des récipiendaires ; le non-respect de la règle du jeu par certains acteurs ; etc.

Mais pour autant, l'abandon d'un projet de changement ne constitue pas nécessairement un échec cuisant surtout si, à cette occasion, le débat a permis d'appréhender ce renoncement dans des discussions préalables.

Un état d'esprit : informer, discuter, concerter et… négocier

Il ne faut jamais oublier qu'une entreprise est d'abord un ensemble interactif, complexe et vivant, organisé et structuré. Tous les changements doivent être introduits avec lucidité, courage et patience, sans perturber l'équilibre en place.

Subi ou anticipé le changement n'a de chance d'être discuté puis accepté que s'il répond à un besoin reconnu, par le donneur d'ordre, une majorité de responsables, de salariés et de représentants syndicaux. Chercher le rassemblement est de loin la meilleure méthode. Il faut toujours éviter l'effet coercitif d'un changement brusque imposé. En cas de premières difficultés, ne pas pour autant reculer ou renoncer…

Lorsque l'objectif à atteindre est bien défini, la présence d'un environnement économique contraignant, est souvent un excellent prétexte pour générer un processus de changement permanent. Avant de prétendre généraliser un processus de changement, faut-il encore déjà être en mesure de réussir ses premiers pas en en maîtrisant la conduite par des changements volontaires locaux et en parvenant à faire évoluer les mentalités. Aujourd'hui, une entreprise ne peut plus ignorer les profondes mutations, technologiques, économiques et sociales et s'en préserver.

Ce combat contre l'inertie et l'immobilisme aveugle, au secours des acquis et du patrimoine de l'entreprise, est une action de chaque jour qui doit être menée par tous ceux qui ont foi en ce qu'ils font. D'aucuns sauront vous dire que ce qui est vrai pour l'entreprise peut aussi être vrai en politique !

VI

Les conditions de la réussite

VI – 1

Le contrat d'objectif ou de résultats
Fil conducteur du passage à l'action

Embourbé dans un fatras bureaucratique, le manager doit envers et contre tout, sauvegarder un « vrai » espace de liberté pour mener à bien ses actions de suivi et de contrôle dans tous les domaines fondamentaux dont il a la responsabilité. La maîtrise de ses actions et la façon de les appréhender sont déterminantes quant à leur efficacité réelle sur le terrain. Pour des raisons de cohérence, une référence commune du travail accompli est indispensable pour en faciliter la lisibilité. La plupart des formations supérieures en ont fait leur principe de base. D'aucuns parlent de contrat d'objectif, de projet ou de résultats…

Nous choisirons de parler de contrat de résultats pour mieux apprécier la progression dans l'action des travaux engagés. Il est certain que tout n'est pas quantifiable, mesurable, et appréciable au sens comparatif. Un manager impliqué, proche de ses « troupes » est à même de franchir cet obstacle. Le contrôle doit aller à l'essentiel.

Une notion de contrat de résultats « double face »

Le contrat de résultats va comporter par définition un aspect « double face », « interne » et « externe ». En priorité, il concerne d'abord le travail « interne » accompli dans l'entreprise pour parvenir à satisfaire dans des conditions définies, avec un cahier des charges précis, avant tout, un besoin, une demande, un service, une réalisation, etc. Préalable indispensable à la satisfaction du « client », le contrat de résultats « externe » est alors jugé dans sa globalité et dans son acception la plus large. Il engage la réputation de l'entreprise.

Le contrat interne

Pour une entreprise de taille importante le contrat de résultats est une notion « interne » qui doit être bien définie. Si les résultats les plus pertinents sont connus au niveau de l'entreprise, les contrats de résultats doivent être aussi appréciés à tous les niveaux jusque dans les plus « petites » unités. C'est souvent dans le détail et dans l'attention que les progrès réels se concrétisent. La performance d'une équipe est mesurée à hauteur de son engagement. Elle doit être partagée et appréciée au niveau de ses responsabilités dans l'action.

Toute attention « positive » méritée, à l'égard des intervenants dans l'action, est à encourager, replaçant le travail accompli dans le contexte du contrat de résultats. L'efficacité « à tout prix » sous prétexte d'un contrôle permanent inopportun n'est pas satisfaisante. Ce ne peut être en aucun cas une fin en soi. C'est dans la recherche « intelligente » de l'efficience à tous les niveaux que se construit la performance de l'entreprise et surtout dans la maîtrise des contrats de résultats en « interne ».

Le contrat externe

Pour sa part, le contrat « externe » est formel. Il concerne toute entreprise quelle que soit sa taille, Le suivi du contrat passé avec un coopérant extérieur, sous-traitant ou fournisseur, comme l'attention portée à un « client », réclame un sérieux à toute épreuve. Des encadrements juridiques et des clauses conservatoires accompagnent en général l'ensemble de ces relations contractuelles. Les responsables techniques, chargés d'affaires, ingénieurs commerciaux ou autres qui interviennent doivent posséder un sens du contrôle et de la qualité qui ne tolère pas l'à peu près. En matière de contrat de résultats « externe » pour le « client », l'efficacité de l'entreprise peut être vérifiée à son aptitude à tenir, malgré toutes ses contraintes, ses échéances et à remplir ses engagements majeurs, techniques et commerciaux dans l'enveloppe budgétaire impartie.

Au-delà des mots et des souhaits, la réalité dans l'action est complexe. Le contrôle dans le suivi du contrat de résultats doit être relatif et intelligent. A chacun d'en apprécier l'usage à bon escient et dans un contexte reconnu, mais c'est l'efficience dans l'action qui permettra de mesurer la performance de l'entreprise.

VI – 2

Savoir mobiliser pour réussir...
Combattre l'immobilisme fonctionnel

Plus que jamais, un patron a besoin désormais de s'attacher à rassembler le maximum de compétences et de talents autour des valeurs auxquelles il croit pour conduire avec efficience son entreprise et réaliser ses objectifs. Ce resserrement du lien relationnel au profit de l'entreprise et des hommes qui la composent est valable pour tout, partout à tous les niveaux, sans distinction de taille ou de nature d'activité...

Ne pas tolérer l'« à peu près »

Le parasitage de l'action dans l'entreprise se traduit par des affrontements permanents, des conflits au quotidien, trop souvent inutiles. Trop de questions restent sans réponse. Trop de décisions ne sont jamais suivies d'effet. Tant retards n'ont aucune raison d'être. Que dire de ces urgences qui ne sont que des négligences ?

Il faut chercher à répondre présent, examiner ces freins à la vie de l'entreprise, apporter des réponses et encourager les gestes qui favorisent la performance. Ces murs d'inertie caractérisent un immobilisme fonctionnel. Ce parasitage de l'action est aussi présent dans le privé que dans le public. Les grandes entreprises en souffrent. Mais le mal touche aussi petites et moyennes structures dans tous les secteurs.

En la matière, le discours ne suffit pas. Toute la difficulté des responsables qui sont aux commandes va être d'arriver à concilier l'inconciliable. C'est tout l'art du manager. Les femmes et les hommes, avec leurs qualités et leurs défauts, constituent la richesse et la faiblesse de l'entreprise. Ce sont eux qu'il faut mobiliser. C'est seulement en mobilisant l'intelligence, toute l'intelligence dans l'entreprise que les responsables parviendront à comprendre les problèmes et à apporter des solutions.

Favoriser le leadership, la créativité et l'innovation

À partir d'un contrat clair, s'appuyant sur un ensemble reconnu de valeurs partagées, dans une expression claire, faisant appel à une communication directe, le patron est en mesure de stimuler et de rassembler toutes les compétences de son entreprise. Il importe de concilier les besoins et les attentes de l'entreprise et des hommes. Surtout ne pas mésestimer le nombre important de salariés qui ont le goût du travail et de l'effort pour eux-mêmes et pour leur entreprise. La passion du métier se rencontre tous les jours, dans tous les métiers. Le respect doit entraîner le respect. Confier une responsabilité, renforcer l'initiative, sont des éléments moteurs de la mobilisation.

La créativité et l'innovation se cultivent. Beaucoup d'individus ont l'esprit d'entreprise. Pour préparer le changement pas, pas plus que la réussite. De la trouvaille à la découverte essentielle le chemin est long. Le travail en équipe favorise la créativité et l'initiative, dès lors que ces actions sont reconnues par tous. Récompenser à bon escient est déterminant.

Communiquer le goût d'entreprendre fait parvenir à la mobilisation, il faut rompre la monotonie et proposer des défis. Écouter, comprendre et proposer, sont autant de besoins qu'il convient de satisfaire. Souvent de simples détails, auxquels le patron prête attention, peuvent aider à ouvrir les esprits vers l'essentiel. La créativité et l'innovation ne décrètent

L'esprit d'entreprise doit être potentiellement très présent. L'individu est toujours stimulé par le plaisir d'entreprendre. Le rôle du patron est de parvenir à l'encourager. La communication est fondamentale. L'échange sur le fond et dans le détail permet de mieux connaître les attentes de l'individu et ses motivations cachées. Mobiliser l'intelligence n'est pas l'apanage du seul responsable. S'il en a le devoir, il n'en a pas le monopole, heureusement.

C'est le collectif et l'exemple qui sont souvent les véritables catalyseurs de la plus forte mobilisation. Faut-il encore avoir la volonté de s'engager et savoir le goût d'entreprendre ?

VI – 3

Apprendre à manager le temps
Un paramètre fondamental du changement permanent

L'art de réussir le changement, quand le bien-fondé de l'action n'est pas mis en doute, tient pour beaucoup à la légitimité des personnes chargées de le mettre en place. La capacité de mobilisation, le savoir-faire comme l'aptitude à trouver un équilibre satisfaisant dans l'action sont autant d'atouts nécessaires pour en assurer la réussite. Autour d'une stratégie bien définie, la réussite est dépendante du facteur temps pour assurer la conduite efficiente du projet dans l'action.

Un facteur temps déterminant

Le temps est un facteur déterminant de réussite dans tout processus de changement permanent. Si le temps est un allié objectif de toute action de changement, il ne faut pas que toute réflexion supplémentaire ou délai de mise en place inexpliqué puisse être interprété par chacune des parties comme de l'attentisme ou comme une reculade.

Savoir évaluer et intégrer le facteur temps en procédant par étapes évite de faire du surplace ou de faire preuve de précipitation. C'est aussi posséder des plannings adaptés et réalistes Dans tous les cas, il appartient d'éviter les discours et les réunions inutiles en s'assurant à chaque fois de la pertinence des interventions.

La maîtrise du facteur temps demeure un élément essentiel pour vaincre les résistances. Pendant la réalisation du changement, de nombreuses remises en cause vont apparaître, souvent liées à des difficultés diverses ou à des obstacles imprévus. Face à cela, il faut savoir maintenir une communication active.

Le « Numérique », les « Réseaux », le « Télétravail et l'« Intelligence Artificielle » vont intervenir dans l'évolution du processus. Il n'est pas question d'en douter. Mais imaginer que ce qui sont d'abord et avant tout des « outils » puissent s'apprécier au-delà de leurs « rôles », n'est pas raisonnable.

Mais ce sera toujours à la personne impliquée de prendre les décisions et d'assumer les responsabilités. Gérer et maîtriser le facteur temps n'a de sens qu'avec cette réserve fondamentale. La maîtrise du temps, le respect du calendrier et la sauvegarde de temps libre pour les imprévus passent par un « savoir-faire » dans gestion des priorités.

Contrairement aux idées reçues, il faut penser chaque jour à régler d'abord les détails et ne pas oublier la prise en compte des demandes mineures des « oubliés ». Avec un esprit plus libre, l'engagement prioritaire s'impose de lui-même.

Prendre le temps d'expliquer, de convaincre et de mobiliser

Lors d'importants changements multiples à « grande échelle », il existera toujours des moments « clé » plus opportuns les uns que d'autres pour convaincre et mobiliser pour décider d'agir. Les actions vont se succéder, voire se mener en parallèle.

On va très vite tomber dans la notion imprécise du « en même temps », propre à divers objectifs non liés, à ne pas confondre avec la « simultanéité » indispensable dans des interventions pré-requises ou encore avec les « actions en parallèle » nécessaires pour satisfaire des objectifs définis, contributifs au projet final. Mais attention, l'excès du « en même temps » doit être combattu lorsqu'il génère « désordre et action » dans tous les sens. C'est-à-dire la confusion.

La réussite se confirme en sachant prendre le temps nécessaire de réfléchir et d'expliquer avant d'agir sans tomber dans l'excès. Surtout éviter toujours la précipitation, ce qui ne signifie pas qu'il faille pour autant faire du surplace. Dans une action trop rapide, le risque est important d'oublier un interlocuteur essentiel. Ne jamais confondre vitesse et précipitation ! C'est là que le management du temps peut s'apprécier.

Un autre paramètre est à prendre en compte avec le plus soin, c'est ce que l'on qualifie de perte de temps. Un énorme « gâchis » coûteux pour toute organisation ou entreprise. Rechercher comprendre le temps perdu est un acte essentiel. Faut-il encore savoir les identifier, en comprendre les raisons et en mesurer les conséquences. Réduire le temps perdu correspond à un gain en termes de marge brute pouvant atteindre les 5%.

Vers une gestion intelligente du facteur temps...

Tout changement, subi ou anticipé, n'a de chance d'être accepté que s'il répond à un besoin réel et reconnu, compatible avec le respect d'objectifs partagés. C'est pourquoi, le facteur temps pour expliquer et réaliser le changement envisagé est essentiel. Il ne faut jamais oublier que l'enjeu (le fond), la conduite (la forme), les mots pour le présenter, l'expliquer ou le dire (le contenu) ne sont pas des variables indépendantes, et ce, durant tout le processus de changement.

La gestion intelligente du facteur temps va jouer son rôle quel que soit le domaine concerné (scientifique, technique, économique), ou la nature du changement (sociologique, structurel ou politique). Les conditions matérielles et environnementales sont à prendre en compte. Elles agissent sur l'efficacité dans l'action.

« Prendre son temps » n'a jamais était synonyme de « perdre son temps ». A chacun de savoir apprécier le caractère fondamental de la maîtrise du temps, surtout si elle est le garant de la réussite...

VI – 4

La notion de service à tout prix
Une action à privilégier, négligée ou ignorée !

Parlons-en ! « En France, on n'a pas de pétrole, mais on a des idées ». Un slogan très répandu, qui a connu son heure de gloire au moment du deuxième choc pétrolier. Essayons de pousser l'analyse un peu plus loin, à la limite de la caricature.

Quand on concrétise ses idées, on ne sait pas les promouvoir. Quand on les promeut, on ne sait pas les vendre. Quand on les vend, on n'assure pas le service après-vente. Quand on a un service après-vente, on n'est pas certain qu'il fonctionne… Quel rendement !

Cette forme d'incapacité culturelle et intellectuelle à surmonter notre tendance naturelle à nous complaire dans l'autosatisfaction, associée à une pratique d'irresponsabilité bureaucratique dans tous les domaines. Y penser c'est bien, s'en soucier c'est mieux, mais encore faut-il réagir et faire quelque chose ! Malgré de nombreux efforts, aujourd'hui aucun secteur d'activité, public ou privé, n'échappe à cette critique permanente qui s'apparente à une sorte d'immobilisme au nom d'une orthodoxie française.

De l'idée à la réalisation

D'énormes progrès ont pourtant été faits. L'innovation a beaucoup apporté tant en matière de communication, de présentation du produit, du service, du design, de l'automatisation et surtout avec le développement du numérique. Internet et les réseaux sociaux occupent une place importante et contribuent à améliorer la relation avec le « client » (entreprise ou particulier). Et pourtant… Certes, dans la tête d'une grande partie des français, heureusement, il y a du mieux. Les mentalités sont toujours en pleine mutation. Leur regard sur l'État et sur l'entreprise reste confus. Ils sont toujours embourbés dans les problèmes d'emplois, d'impôts et taxes, d'aides qui demeurent « à la une » de leurs préoccupations essentielles. Les directives de l'Union européenne viennent perturber en permanence, le dialogue entre l'État, le MEDEF, la CPME et les partenaires sociaux. Ils n'ont d'autre choix que de continuer à espérer en l'entreprise, à sa capacité d'innover et de créer la richesse et les ressources nécessaires pour parvenir à de nouveaux équilibres.

Beaucoup d'entreprises ont tardé à prendre en considération les exigences du français consommateur. L'État est toujours perçu comme n'intervenant toujours qu'en tant que voiture « balai », ce qui n'est pas toujours le cas. Lorsqu'il anticipe, il est souvent contraint à agir seul. Dans l'UE, la concurrence, libre et non faussée, n'arrange rien. Les secteurs d'innovation sont très nombreux et la France n'est pas à la traîne. Mais entre l'idée, la réalisation, la promotion et la vente, la route est longue.

Le besoin d'un service de qualité

Depuis des années, des dizaines de milliers de créations d'entreprises ont essentiellement pour objet de faciliter, d'aider, de pallier les manques et de compléter l'action des sociétés pour leur permettre de poursuivre la réalisation de leurs objectifs et de se consacrer à l'essentiel de leur métier. La sous-traitance est un élément essentiel du marché. Dans le monde du service, les particuliers sont également de gros consommateurs. Ce marché devrait être encore très porteur. Mais il est lié à la fois à la capacité de production des entreprises et de consommation des particuliers. Le besoin de service se rencontre partout. Cependant, il faut se garder de croire que les sociétés de service se substitueront à l'entreprise au sens étymologique.

Le service a envahi le paysage publicitaire. Radios, télévisions, presse écrite, communiqués, Internet, affichages, télécommunications, réseaux sociaux, etc. se font l'écho de ces techniques de vente entrées dans nos habitudes. La qualité du produit ne suffit plus. Le service qui l'accompagne est devenu l'un des premiers arguments de vente. Attention au succès éphémère de façade, l'agence publicitaire fait son travail, elle contribue à la commercialisation et à la promotion du produit, la vente suit et les clients affluent.

Doit-on croire pour autant que le pari est gagné ? Non, le danger est présent, la moindre réclamation, le « petit » ennui, l'insatisfaction à l'usage, amène le client à se rebiffer. Les conséquences ne sont pas toujours mesurables. Associée à l'excellence du service, la fidélité qui en résulte est probablement encore l'un des meilleurs arguments de vente à la conquête de nouveaux clients.

Le service côté « cour » à développer

Cette notion de service ne se limite pas à une relation client-fournisseur externe à l'entreprise. Ce besoin de service existe avec autant d'acuité dans l'entreprise, prise au sens large, publique ou privée, administrations incluses. Cette forme de relation client-fournisseur a ici une acception beaucoup plus large. Cet oubli fatal est l'une des faiblesses majeures de notre système économique. Chaque fois que l'on rencontre dans l'entreprise un problème de frontières ou d'interfaces, pour éviter qu'il ne devienne une source de conflit permanent, il n'est pas inutile de le reformuler en termes de relations client-fournisseur.

Les situations de monopoles, peu soucieuses du service, favorisent les égarements, réduisent la créativité et ne favorisent pas les échanges. Elles entraînent des blocages intempestifs et incontrôlables que conforte souvent l'absence de concept de fonctionnement et des structures rigides. Avec des sensibilités, des intérêts, des rôles et des environnements, les divers responsables n'ont pas les mêmes appréciations du besoin de service interne et du niveau de qualité interne requise pour remplir leur tâche dans l'entreprise. La notion de service à tout prix n'est pas à l'ordre du jour. L'exemple récent sur l'incompatibilité des quais de gare pour les nouveaux TER est édifiant ! Qui était le client de qui ?

Insuffisance côté « jardin »

Le service du client n'est pas un vain mot. Partout le client est « roi ». C'est du moins ce que les entreprises en contact direct avec le consommateur prétendent. Entre elles, elles jouent alternativement, le rôle du client ou celui du fournisseur. Leurs échanges sont empreints du même souci apparent, c'est-à-dire la satisfaction de celui qui paie, en l'occurrence du client. Les sommes considérables, consacrées à la promotion des produits et de l'image de marque des sociétés, traduisent une volonté affichée d'être au premier plan et toujours les meilleurs. C'est uniquement à l'usage que l'on saura si l'enjeu est atteint.

Mais derrière ce décor d'exception, la réalité est trop souvent décevante. Combien d'entreprises ont un service d'accueil digne de ce nom et non agressif ? Combien de patrons prennent le soin de s'assurer de la façon dont sont traités leurs clients, et ce, dès le premier contact avec l'entreprise, c'est-à-dire au téléphone ou par courrier ? Combien de lettres ou de réclamations restent sans réponses ? Dans quels délais daigne-t-on réagir ? Être le meilleur ne consiste pas à dénigrer les autres produits concurrentiels et faire preuve d'autosuffisance…

Conclusion

Le service à tout à prix, c'est l'affaire de tous, à l'intérieur comme à l'extérieur de l'entreprise, à tout moment, à tout propos, en toutes circonstances et avec tout le monde. Ce n'est pas une mode, c'est plus qu'une obligation de survie, c'est une façon d'être une forme d'éthique pour l'entreprise, publique, privée ou administration. Le service doit finir par s'imposer comme une composante de la stratégie d'entreprendre. Bientôt plus aucun dirigeant ou responsable ne pourra se départir des problèmes que cela ne manquera pas de lui poser.

Des réponses concrètes et adaptées sont indispensables, à toutes les questions évoquées qui surgissent côté « cour » et côté « jardin », ainsi que le rappel de quelques principes qui marchent, parce que d'autres entreprises sont passées par là et parce qu'elles en ont mesuré les avantages et compris les limites. Cela constitue le minimum de prérequis auxquels une entreprise doit faire face. Ce sont des gains de productivité qui peuvent aller jusqu'à des augmentations de 5 à 20 % du chiffre d'affaires courant...

VII

L'évolution permanente

VII – 1

Entreprise et compétences
Le sens des évolutions…

Il est difficile d'apprécier, à son juste niveau, l'impact du mouvement de réforme qui, sur un fond de changement permanent, ne cesse de perturber les entreprises. Au-delà des phénomènes de modes, à la fois liés à l'évolution des comportements, aux progrès technologiques et au contexte socio-économique, cet impact est annonciateur d'une profonde mutation. Ses conséquences sont pour le moins indéterminées.

Progrès scientifique et innovations technologiques

Le progrès scientifique et les innovations technologiques qui en découlent touchent à l'ensemble des produits et processus présents sur le marché. Avec une telle rapidité et dans autant de secteurs, cela n'était jamais arrivé auparavant. Parallèlement à cette multitude d'innovations technologiques, de nombreux changements structurels, organisationnels et sociaux, eux aussi qualifiés d'innovations, sont en cours ou à l'étude dans les entreprises. La communication interne et externe, la relation au travail, avec les clients, les fournisseurs, les sous-traitants et les autres partenaires font l'objet de remise en cause régulière. Le problème, c'est d'être prêt en permanence à réagir.

Au-delà des nombreuses connaissances et de l'expérience de chacun, des savoirs et des savoir-faire reconnus de l'entreprise, l'aspect technique et intellectuel ne suffit plus. Si la compétence, prise au sens large est un acquis, la capacité à la faire évoluer en est un autre devenu indispensable. Désormais, cette question des compétences est au centre du débat. Elle va concerner tous les niveaux de l'entreprise et tous ses acteurs, du moins qualifié au plus qualifié. Cette aptitude au changement, en relation avec l'évolution des compétences, est un enjeu prioritaire pour rester dans la compétitivité, assurer son avenir et celui de l'entreprise.

Comment transmettre le message ?

Le problème majeur va consister à être capable de transmettre avec intelligence ce message. Il n'est pas évident à expliquer sans risquer de déranger, de provoquer des conflits, voire de blesser et d'humilier les plus sensibles. Seuls, l'entretien, le dialogue, l'accompagnement et la formation-action, replacés dans le cadre des objectifs de l'entreprise peuvent aider à sensibiliser, à convaincre et à mobiliser le personnel. La mise en valeur de ces atouts supplémentaires peut être très motivante, si elle s'accompagne de reconnaissance, de récompenses et de gratifications. Encore faut-il que les responsables y soient aptes et bien préparés ? Le choix des hommes pour intervenir est primordial.

Cette nouvelle approche de la relation au travail et de son organisation en liaison avec l'évolution des compétences et va dans le sens du véritable changement. C'est de cette réussite que va dépendre la maîtrise du progrès et de l'innovation indispensable pour que nos entreprises restent compétitives...

VII – 2

Des acquis et des progrès à valoriser
Secteurs de pointe, compétences et investissements

Contrairement à de nombreuses idées reçues, les crises actuelles n'arrêtent pas le progrès. Les conflits, économiques, sociaux, migratoires et les états de guerre, comme en Ukraine, Israël et le Proche-Orient, etc., ne perturbent pas sur le fond la recherche et l'innovation. Parfois même, ils les stimulent, à titre d'exemple : la crise de l'énergie comme le réchauffement climatique ou encore la remise à niveau d'un système défense.

La progression scientifique et technologique dans le monde des pays développés est très rapide. Elle influe sur l'évolution de la société. Synonyme d'une politique de l'offre qui peut se comprendre, elle propose d'anticiper à la fois les réactions des pouvoirs publics et celles des investisseurs privés.

Les secteurs de pointe

Les secteurs de recherche, de haute technologie, et d'activités d'avenir ne manquent pas. On peut en citer quelques-uns : ceux de l'aéronautique et de l'espace, de l'automobile électrique ou peu consommatrice d'énergie, de la nano et microélectronique, du transport et du stockage de l'énergie, des énergies nouvelles et renouvelables, de l'informatique et de la simulation numérique, de l'intelligence artificielle, des télécommunications, des matériaux du futur, de la sureté nucléaire et des transports.

D'autres secteurs à très forte valeur ajoutée doivent être encouragés et développés dans les biotechnologies et la médecine de pointe, la pharmacie et la santé. Cette liste des secteurs de pointe est loin d'être exhaustive. Certains autres secteurs peuvent être prometteurs d'une croissance réelle. Le e-commerce se développe à grand pas en s'appuyant sur la modernisation des logistiques et des suivis associés. C'est une activité qui tient de plus en plus de place avec la banalisation de l'utilisation d'Internet.

A protéger et à développer

D'autres secteurs en revanche ne sont pas encore assez exploités comme ceux de l'écologie, de la protection de l'environnement et du développement durable, tant au plan social qu'économique. De gros progrès restent à faire. La France possède un important domaine maritime à fort développement. Elle peut l'exploiter dans la continuité de tous ses progrès technologiques en matière d'énergies nouvelles.

Sont aussi sur la sellette l'agriculture, la pêche et l'agroalimentaire avec leurs nombreuses industries de transformation. Pour sa part, tout en se modernisant, le « monde » agricole est aujourd'hui en difficulté. La disparité entre les exploitations et leur nature, céréaliers ou éleveurs, mérite une attention approfondie. La réorientation des aides européennes ira en faveur des éleveurs. Les industries agroalimentaires de conditionnement et de transformation souffrent de la concurrence faussée par un dumping social au niveau de la communauté européenne.

D'autres secteurs sont reconnus comme de véritables atouts pour la France. En effet, avec plus de 83 millions de visiteurs annuels, la France est au premier rang mondial dans le secteur du tourisme et seulement au 5^(ème) rang pour le chiffre d'affaires réalisé sur le territoire. Il lui appartient de continuer à améliorer et à développer ses infrastructures et l'accueil. Le tourisme est une industrie à part entière. Elle a besoin de se remettre en cause et de chercher à s'améliorer. D'autres industries sont liées au tourisme telles que celles de la mode et du luxe. Dans le même esprit, il faut encourager aussi le milieu viticole et la gastronomie, tout en préservant notre patrimoine historique et culturel qui constitue une grande partie de la richesse du pays.

Les besoins en compétences et en investissement

La France a les ressources humaines pour satisfaire la quasi-totalité de ses besoins en compétences. Le cas échéant, elle doit faire le nécessaire pour les développer. Le rapprochement recherche-industrie doit s'intensifier. Les campus universitaires, pôles de compétences, en liaison avec les industriels et les milieux bancaires sont là pour cela.

Les groupes industriels multinationaux privés doivent s'investir encore plus, en aidant les « start-up », les TPE, les PE et les ME, tournées vers la conquête de nouvelles idées et de nouveaux procédés. Créativité et innovation sont l'avenir de la France et de sa compétitivité. La part du privé en termes de recherche, comparée à celle du public, doit être augmentée. C'est une priorité.

Encore faut-il se convaincre d'agir, s'en donner les moyens en compétences, le soutien financier et l'appui en matériel pour accepter les risques associés. La recherche fondamentale et la recherche appliquée sont les ingrédients nécessaires à un développement économique et à une innovation technologique à forte valeur ajoutée. Le point faible de notre engagement demeure la perte de savoir-faire lié à une industrie négligée au profit des services. Combler le retard ? Faudrait-il encore en avoir l'intention et les moyens ?

VII – 3

Une autre relation au travail
Mobilisation permanente autour de nouvelles attentes

La relation au travail a toujours évolué régulièrement. Jusqu'à présent, il n'y avait pas de surprise. La mutation de cette relation est en train de s'accélérer. Si cela est d'abord lié aux progrès scientifiques et technologiques, la relation au (et dans le) travail doit aussi s'adapter pour absorber les conséquences de la crise et la progression de la mondialisation.

Nombreux sont les salariés en quête d'un emploi stable et qui ont du mal à comprendre et à accepter ces changements. Beaucoup d'entre eux sont encore inquiets. Perturbés par un environnement instable, ils sont demandeurs de prérequis pour assurer leur avenir.

Entreprises et salariés : des attentes de natures différentes

Dans le contexte économique actuel, entreprises et salariés ont à nouveau besoin de retrouver un équilibre pour développer une autre relation au travail. Les prérequis nécessaires se traduisent sous forme d'attentes de deux natures différentes. Les unes sont directement liées aux besoins personnels et à l'environnement proche, les autres concernent l'entreprise et le milieu du travail. La forte inquiétude sur l'emploi les amène à relativiser leurs problèmes et à les hiérarchiser. Leur regard sur l'emploi, le travail et les loisirs s'en trouve modifié. Il faut profiter de cette remise en cause personnelle pour remobiliser les salariés dans ce contexte d'excellence et d'évolution que nécessitent les nouvelles variables externes liées à la compétitivité.

Leur vision sera alors beaucoup plus globale et s'exprimera souvent en termes d'activité et d'occupation, en relation directe avec la raison d'être. Dans la mesure où leurs besoins fondamentaux d'existence seront satisfaits en cas de coup dur, leur projection sur l'avenir sera dans les faits moins pessimiste qu'il n'y paraît. Ils pourront s'accommoder d'un mélange d'emploi salarié à temps partiel, complété par d'autres activités partiellement rémunérées. Préserver l'emploi demeure évidemment au centre des préoccupations des salariés.

Une forte majorité de salariés considère que la plupart des entreprises ne font pas tout pour préserver voire développer l'emploi. Ils sont près des deux tiers à penser que les patrons abusent encore de plus en plus des licenciements préventifs. N'oublions pas qu'aujourd'hui, en cas de recherche d'emploi, plus de 80% des contrats proposés sont toujours précaires et de courte durée.

C'est dans l'entreprise que se trouvent les solutions

La plupart des salariés est persuadée que les solutions viables sont à trouver d'abord dans l'entreprise. Sans écarter la participation des syndicats, des initiatives ponctuelles et ciblées du gouvernement, ils comptent plus sur eux-mêmes et sur leurs dirigeants pour les élaborer ensemble. Ceci ne les empêche pas de reprocher à ces derniers un manque de dialogue et de réflexion.

Confier du travail à quelqu'un, le charger d'une mission, lui déléguer une responsabilité, n'est pas une mince affaire. L'art de mobiliser ne consiste pas à distribuer des rôles et à se contenter d'attendre le résultat. Pour que la tâche soit motivante, pleine et entière, elle doit représenter un véritable défi dans les limites des capacités potentielles de l'individu. Son action doit être aussi considérée par lui et reconnue par ses pairs et collègues comme importante, utile et respectable. Soutenu dans sa mission, l'individu doit se sentir fier de ce qu'il entreprend. C'est à partir de cette attitude qu'il prendra conscience de la notion d'excellence.

Toutes nos entreprises, surtout les petites et moyennes, ont besoin de vrais dirigeants responsables, qui devront en permanence être en mesure de réagir avec talent pour écouter et comprendre leurs collaborateurs, puis les convaincre et les mobiliser à tout moment. La considération, le respect et l'estime sont des valeurs auxquelles il faudra attacher une importance primordiale pour réduire le frein au changement permanent.

VII – 4

La communication ou le sang de l'entreprise
Une composante essentielle difficile à maîtriser

La communication au sens large est la base de toutes nos relations au quotidien. En dehors du cercle familial et relationnel, la vie en entreprise en dépend. Nul n'échappe au besoin de communiquer. Les entreprises et toutes institutions et organismes se doivent d'être attentives à son usage en toutes circonstances et d'abord en interne. La vie de l'entreprise en dépend. Elle est le « sang » qui permet d'entreprendre, de surmonter ses obstacles et ses difficultés.

La communication externe est la base de la politique de marketing, de la promotion des produits, des prestations et des services. C'est la règle. Différents moyens de toutes natures sont disponibles et ciblés. Il est donc crucial de les utiliser à bon escient en fonction des objectifs de la communication afin que les informations soient transmises sans déformation à leurs destinataires, tant dans l'entreprise qu'à l'extérieur.

Un outil multiusage indispensable

Chacun sait que la communication est l'outil indispensable à tous les niveaux, dans tous les domaines, dans la vie courante, les affaires et la politique. Mais, elle est très mal utilisée. La communication interne fait partie des fondamentaux. C'est la clé de l'entreprise. La forme *(l'image, la façon et les moyens d'expression)* prime sur le reste alors que le fond *(le message à transmettre)* et le contenu *(les mots pour le dire)* demeurent les paramètres essentiels à soigner pour convaincre. Une information habile peut cacher en guise de communication une forme de pré-manipulation, directe ou indirecte. Le « trop » de silence est à proscrire. Il engendre une perte de confiance progressive, en interne comme en externe. L'absence de communication et le mal-dit contribuent à la dégradation de l'ambiance et à la démobilisation. La communication interne fait partie des fondamentaux. C'est la clé de l'entreprise.

La « langue de bois » est pesante, mais elle est devenue une réalité au quotidien. La plupart de nos dirigeants économiques, financiers et politiques ne savent plus s'exprimer sans en user en quasi permanence. La notion de discussions en « off » autorise d'autres interprétations. Au-delà de la presse d'opinion et spécialisée sur lesquelles tous s'appuient. Chacun sait comment tirer le meilleur profit de l'information qu'il transmet pour tenter de convaincre et pour mettre en cause ses concurrents, quitte à tromper l'opinion publique.

Les réseaux sociaux, Facebook, X et alii, complètent un pseudo-débat en coulisses que les médias, radios et TV ne manquent pas à leur façon de relayer pour faire de l'audience. Ne jamais manquer d'utiliser la kyrielle d'outils numériques à disposition, indispensables pour concrétiser les « contacts sur le champ » qui facilitent les échanges. On peut évoquer les plateformes de communication instantanée, intranet, outils de visioconférence ou d'utilisation en commun de fichiers.

Une communication expliquée et argumentée

L'explication est souvent peu claire quand elle n'est pas tout simplement absente. Pour certains dirigeants et responsables. Il leur suffit parfois d'affirmer, de simuler ou d'esquiver la discussion si nécessaire, et enfin, de présenter le tout avec les apparats indispensables devant la presse. Ceci est aussi vrai pour les politiques au pouvoir.

Une décision directe, proprement dite, émanent d'un dirigeant, garde un caractère officiel, parfois solennel. Mais elle est souvent mal ou pas du tout expliquée par souci de ne pas vouloir se justifier. L'information est très souvent « vide de contenu » essentiel. Elle se substitue « dans la forme » à une véritable communication suite à une décision argumentée et expliquée. L'esprit de synthèse n'a plus de sens. L'effet est loin de celui attendu. A l'inverse, la décision peut prendre tout son sens et rassembler lorsqu'elle est le résultat d'un « dialogue sur le fond », d'une concertation, sans parler d'un consensus.

Communiquer devant la presse « spécialisée »

Par son objet, toute organisation et par la même, l'entreprise se doit de faire connaître au public ses produits, sa prestation et son service. Au départ les annonces et la publicité est sensée être connue de tous. Commanditaires et clients sont de toutes origines sont par définition les plus intéressés.

Il faut surtout être vigilant en matière d'informations, publicitaire ou non, de communication, de débat ou d'interview sur l'objet de l'entreprise. La confusion prédomine pour un mal-dit, un écart ou une omission. Les spécialistes des quotidiens et des hebdomadaires, partisans ou non, reprennent les slogans et complètent le décor au travers d'une analyse sémantique exacerbée. Quel que soit le niveau de connaissances, la critique précède ou suit.

Les médias et la presse écrite choisissent leurs priorités en quête de record d'audience et de vente de papier. Ceci ne veut pas dire que les médias ne prêtent pas plus l'oreille et l'attention aux services et aux innovations de toutes natures. Si la critique est facile, elle est parfois acerbe, associée à un « parler pour ne rien dire ». La concurrence peut s'en réjouir.

La communication externe est une composante à utiliser avec intelligence et à considérer comme un atout stratégique de l'entreprise à manipuler avec précaution. Son impact est d'autant fort qu'elle doit s'afficher comme un progrès au profit du demandeur.

VIII

Les « indispensables » du leader

VIII – 1

Du choix à la décision
Un pas qu'il faut savoir franchir

La responsabilité n'est pas un état final. C'est au contraire un point de départ pour l'action. C'est le passage à l'acte qui responsabilise. Pour rester concret, essayons de dégager divers aspects de ces processus de choix et de décisions.

Au-delà du vocabulaire adapté et de l'environnement technologique bouleversé par les innombrables moyens de communication, rien n'a nécessairement évolué dans les esprits. Une décision finale, qualifiée de complexe, est souvent le résultat de décisions secondaires qui sont liées à de nombreux paramètres.

Chacun sait qu'une décision n'a de valeur que dans la mesure où elle est suivie d'effets. Dès lors que l'entreprise et l'organisation ont une réalité d'objet et une réalité économique reconnue, la première étape extrinsèque et structurelle d'une décision est considérée comme acquise. Il appartient seulement aux dirigeants et à la hiérarchie d'expliquer le contexte aux collaborateurs. Le tout servant de toile de fond.

L'opportunité de la prise de décision, comme le moment choisi pour agir font partie des paramètres qu'il faut apprécier, tout autant que l'importance des habitudes, des traditions, des interlocuteurs et du lieu choisi... L'enjeu d'une décision, les conséquences d'un report ou d'une temporisation mérite une évaluation relative.

Il n'est pas rare de voir d'excellentes décisions rester sur le carreau tout simplement parce que ces paramètres, qui constituent une étape de réflexion, sont souvent considérés comme de second ordre et sous-estimés.

Les différents modes de prise de décision

L'ordre est le plus connu, pour ne pas dire le plus employé des modes de prises de décision. Mal employé, dans sa forme la plus rustre, il a souvent une connotation péjorative. Utilisé à mauvais escient, l'ordre peut gêner. Souvent, il finit par occuper une place privilégiée par habitude dans les *relations au travail. L'acceptation naturelle d'un ordre, sans critique, est le témoignage de* l'expression de la confiance et du respect du supérieur.

La consultation, qui a fait progressivement son apparition et qui entre dans les mœurs, est un mode de décision mal compris. Ici, le responsable, qui doit faire un choix et prendre une décision, est préalablement à l'écoute des personnes qu'il consulte individuellement ou en groupe. La décision appartient au consultant.

La concertation introduit la notion d'accord dans le passage à l'action. Le responsable donne son point de vue, il accepte la contradiction avec les personnes concertées. Ensemble, ils recherchent une solution commune pour agir. La décision est prise collectivement. C'est le responsable qui doit veiller à son application.

La codécision reste un geste technique procédurier de décision conjointe, peu employé. Elle maintient chacun des acteurs, par exemple deux chefs et leurs subordonnées, dans les limites de leurs responsabilités organisationnelles respectives.

Le vote à la majorité des voix (bloquée, absolue ou relative) concerne plus les instances légales, de surveillance et de contrôle de l'entreprise. Dans l'entreprise, elle est très peu usitée, voire ignorée. Au niveau du travail au quotidien, cette pratique proche du milieu syndical peut détruire l'unité d'un groupe, créer des clans, diluer les responsabilités et ne résout rien.

Le consensus est aussi une manière de prendre une décision. C'est certainement la plus satisfaisante parce qu'elle implique le soutien. Le consensus n'est pas l'unanimisme. C'est l'acceptation collective. Il ne diminue en rien l'autorité du responsable. La recherche de l'adhésion « forte » est un facteur actif de mobilisation et de motivation des hommes. Il ne faut pas en abuser et l'utiliser à bon escient.

Choix du mode de décision

S'il n'est pas possible de sortir une recette du chapeau, néanmoins quelques principes de base peuvent être retenus quant au choix des modes de prises de décision.

Par exemple, la responsabilité de la législation du travail, des règlements généraux, administratifs et de sécurité, requiert le recours à l'ordre. La mise en place d'un règlement intérieur peut se discuter. La tendance à l'ordre se généralise sur le plan technique, lorsque la décision concerne l'objectif, les missions, les échéances, les délais, la satisfaction du client, et qu'elle ne met pas en cause l'aspect humain des affaires.

Si au contraire, celui-ci prend le dessus, la recherche du consensus est de loin préférable. Cela peut commencer par de la consultation suivie ou accompagnée de concertation, suivant la nature de l'objet de la décision et son importance. L'obtention du consensus nécessite du temps et une confiance réciproque ce qui sous-entend prévision et coordination. Mais un manager de qualité, reconnu comme tel dans ses actes, bénéficie de temps de réaction et d'adhésion brefs.

A noter que l'utilisation maladroite, excessive et monolithique d'un seul mode de décision, quel qu'il soit, conduit rapidement à des situations d'incapacité d'action.

En matière de choix et de décision, là encore, l'erreur ou l'échec font partie intégrante de la vie professionnelle. Mais la rigueur, la transparence des arguments, l'état d'esprit, la motivation, le souci de l'information et sa qualité sont indispensables. Parfois le courage, comme l'expérience acquise et le sens de la responsabilité concourent au succès de l'acte de choisir et de décider. Ils ne sont pas infaillibles et seul le temps permet d'en apprécier les effets et les conséquences...

VIII – 2

La recherche de l'efficience
Identifier le temps perdu pour passer de l'efficacité à la performance

Malgré leurs résultats financiers exceptionnels, nos grands groupes souffrent comme beaucoup d'entreprises de taille moyenne d'un mal chronique, celui de l'inefficience. Certes, ces fortes multinationales ont des ressources, elles se défendent au plan international et nul ne peut contester leur efficacité. Mais derrière cette image se cache un immense gâchis. Pour autant à moindre échelle, le même mal profond existe. Pour toutes tailles d'entreprise, y compris pour les plus petites comme dans l'artisan, les conséquences peuvent être redoutables.

Efficacité et efficience ne sont pas synonymes

Pour les plus grandes d'entre elles, en termes de pourcentage de masse salariale, ce gâchis atteint en moyenne 38 % de perte sèche en temps, auxquels s'ajoutent 14 % dus à un choix inadapté des personnes, à l'existence de postes inutiles et à la lourdeur des structures et des procédures. Forcément le télétravail s'inscrit dans l'estimation. Selon les études réalisées, dans la majeure partie des cas, ce sont les cadres qui sont sur la sellette. A la fois concernés et responsables de l'organisation du travail, on les juge sur leur productivité. Un mot les obsède : la compétitivité et celle-ci passe par une optimisation de la gestion du temps. Efficacité et efficience n'ont rien de comparable en termes de performance. Par définition efficace, l'efficience s'appuie sur un coût en personnel réduit, en moyens adéquats et suffisants avec un temps de réalisation minimum.

Il est clair que l'excès perpétuel de demandes d'en haut, souvent adressées aux mêmes personnes est une cause de déstabilisation. Le travail avec des dépassements d'horaires, en dehors d'heures supplémentaires programmées, est devenu habituel. Cette overdose de temps de présence n'est pas pour autant une garantie de résultats. L'activité qui ressemble plus à une gesticulation désordonnée est la traduction d'une agitation fébrile, entretenue par l'illusion du paraître indispensable. Le stress finit par envahir la vie privée des individus qui ne sont plus à même de se détendre et d'oublier ne serait-ce qu'un instant leurs soucis quotidiens. Ce mode de comportement est tellement courant que beaucoup finissent par le considérer comme un état normal, en le qualifiant de professionnel !

Près de 52 % de temps perdu...

Autre source de nuisance, cause de dysfonctionnement, le nombre disproportionné d'interlocuteurs, transformés par une organisation complexe et rigide en une multitude d'intermédiaires inutiles qui nuisent au rendement de l'entreprise. Tous ces éléments sont grands consommateurs de temps et d'énergie auxquels s'ajoutent les urgences. Encore qu'il faille être prudent sur ces dernières car il y a moins souvent d'urgences que de négligences !

En tout état de cause, ces 52 % de temps gâché ne tiennent pas compte de l'absentéisme naturel ou provoqué, facilement chiffrable, ni du sous-emploi des disparus de l'entreprise. L'entropie, connue comme un désordre latent, affecte la relation de travail. Ce temps perdu ne préjuge pas de la qualité intrinsèque du personnel, de son efficience propre, devant la tâche qui lui est confiée.

En fait on peut considérer qu'aujourd'hui l'efficience réelle d'un grand groupe privé n'excède pas les 35 % pour les meilleurs d'entre eux, malgré une présence effective avec dépassement d'horaires, un travail de plus en plus stressant et une agitation de chaque instant, correspondant à un ensemble comptable au moins aux 100 % de la masse salariale ! Pour leur part, les grands ensembles publics voisinent les 30%. Dans le petites et très petites entreprises, l'efficience dépend de la conjoncture, de la commande et de la qualité du client. Elle oscille de 25 à 40 % suivant le nombre de salariés et le contexte.

La notion de temps libre est très relative. Elle s'appréhende suivant la nature du travail, le rang, la responsabilité et l'ambiance. Il est estimé dans une fourchette allant de 5 % à 12 % du temps de travail affiché. Cette liberté de temps est nécessaire pour permettre à chacun de maîtriser son stress et de prendre du recul. Pour les cadres supérieurs et dirigeants, l'indicateur n'a pas de sens.

Gagner 4 à 5 % en efficience serait déjà un exploit au bénéfice de l'entreprise et des salariés, soumis à des conditions de travail de plus en plus difficiles et des contraintes psychologiques qui peuvent avoir de lourdes conséquences. C'est pourquoi la durée du temps de présence au travail est loin d'être la clé du problème de ce mal chronique qu'est l'inefficience et qui tend à gagner aussi progressivement nos moyennes entreprises et petites entreprises. Y veiller c'est aller vers la performance...

VIII – 3

Excellence et élitisme : la grande confusion
L'embauche des jeunes diplômés et les promotions…

Annonces institutionnelles de société à la recherche de nouveaux collaborateurs, offres d'emplois pour cadres débutants, chasseurs de têtes spécialisés, jeunes diplômés, rivalisent d'audace autour de slogan les plus attractifs les uns que les autres dans un marché de plus en plus difficile. Le tout enrobé dans une approche médiatique construite autour d'une image virtuelle, pomponnée, remise au goût du jour, souvent à cent lieues de l'image réelle de l'entreprise.

La mise en valeur artificielle du choix de l'ego

En s'engouffrant dans un marché florissant, les supports médiatiques, la presse spécialisée, les publicitaires, les conseils en communication des entreprises et les cabinets de recrutement redoublent d'imagination. Ils tentent en vain de se démarquer, contraints qu'ils sont de se copier mutuellement dans la surenchère. Le look et l'apparence sont les premiers ingrédients du succès.

Le contenu varie peu sur le fond, même si la forme diffère d'un encart à un autre, d'une publicité à l'autre. Tout tourne autour des mêmes mots clés : excellence et élitisme. La confusion s'instaure très vite autour de ces deux mots galvaudés. L'excellence est un terme qualitatif qui mesure le degré de perfection obtenu à un niveau considéré. Dans la pratique, on l'emploie essentiellement dans un sens quantitatif restrictif, partant du principe que l'excellence est une donnée originelle. Le dogme couramment admis stipule qu'on naît excellent ou qu'on ne l'est pas ! En l'occurrence, on ne le devient pas ! *Stricto sensu*, l'élitisme est un système établi qui favorise l'élite au détriment de la masse, alors que l'élite devrait en être l'émanation.

Partout l'homme dans l'entreprise apparaît comme la ressource de base essentielle. Trop de chefs d'entreprise l'appréhendent encore et toujours comme un coût. Mais pour cette élite, la réussite est au bout du chemin qui est tracé d'avance. Si la réussite ne décrète pas, la carrière de ces privilégiés est assurée pour les meilleurs des meilleurs candidats à ces offres d'exception. Pourtant l'expérience montre que même pour eux, la route sera encore pleine d'embûches. L'élitisme ne s'arrête pas là. Ainsi le contenant virtuel l'emporte sur le contenu édulcoré qui ne sera découvert par les candidats que plus tard, souvent trop tard, une fois dans l'entreprise.

L'excellence n'est pas synonyme d'élitisme

Dans un marché difficile où la pénurie d'ingénieurs et de cadres commence à se faire sentir sérieusement, il faut être compétitif. Chaque année, courant juin, de nombreuses enquêtes classent les sociétés dans le cœur de leurs futurs cadres potentiels, eux-mêmes choisis parmi cette élite (représentant moins de 5 % des étudiants). Elles sont publiées dans de grands hebdomadaires et mensuels nationaux, également sur la toile, en France ou à l'international. A noter que depuis plusieurs années le rang de la France ne cesse de se détériorer. Avec un espoir de stabilisation, elle n'apparaît plus dans la botte des 12 meilleurs pays dans le monde. Numéros spéciaux, tirages plus importants, annonces en surnombre, une chose est certaine chacun y trouve son compte.

Néanmoins chez nous, l'élite de l'élite française est à l'honneur. Toutes sortes de classements tronqués font foi. Ils coûtent très cher aux entreprises à la traîne, aux PME, PMI, PE et TPE qui veulent se développer sur le marché de la recherche, du développement et de l'innovation. Ces résultats influent sur la masse de ceux que l'on n'interroge pas (95 % des étudiants) qui constituent l'élite de la nation mais qui ne font pas partie de l'élite de l'élite. Les enjeux du futur ne se limitent pas aux 5 % protégés aux carrières prédéterminées avec des responsabilités au départ sans contenu.

L'élitisme n'est pas sans conséquence sur le marché de l'embauche. On assiste pour l'immense majorité à une surévaluation des compétences en matière de qualification pour des premières embauches. Les universités, grâce à leur autonomie et les pôles d'excellence en cours de développement arriveront-ils à pallier cette carence d'un système dépassé ?

Ainsi le parler vrai à l'embauche n'est pas pour demain. Le fameux « the right man in the right place » a encore de beaux jours devant lui. Promotions des confirmés et des anciens, comme les jeunes et futurs diplômés, à la recherche de leur premier emploi, les uns seront sollicités, les autres seront à la peine. Une sélection vers l'excellence oui, une élimination élitiste, non. Le problème est loin d'être résolu...

VIII - 4

L'exercice du pouvoir dans l'entreprise
C'est lui qui conditionne la réussite

Parlons-en ! Il est clair qu'on ne peut plus aujourd'hui se contenter de parler de l'entreprise de manière globale. L'incidence des typologies est sans aucun doute beaucoup plus importante dans la situation qui nous préoccupe que dans le passé...

Il est bon de rappeler que près des deux tiers de l'activité économique française et de l'emploi salarié sont assurés en France par 35.000 entreprises de plus de 50 salariés, incluant les moyennes entreprises (ME), les moyennes industries (MI), les entreprises de taille intermédiaire (ETI) et les grandes entreprises (GE). Dans cet article, l'essentiel des réflexions concernant l'exercice du pouvoir vont donc s'adresser essentiellement à leurs patrons, dirigeants et responsables des ME, MI, ETI et GE qui ont à leur charge près des deux tiers des actifs salariés.

Une parenthèse à part pour les PE et TPE

Une parenthèse tout de même. La notion d'entreprendre et sa réalité sur le marché ne sont pas de vains mots pour la plupart de ces entreprises artisanales et de ces très petites entreprises, traditionnelles ou innovantes qui sont au nombre de plus de 3 millions. Toutes ces petites ou très petites entreprises, créatrices d'emploi, vivent dans un système de contraintes qui leur est propre. Toutes ne sont pas performantes. Leur propre part de responsabilité ne doit pas être oubliée ou minimisée. Pourtant, que de leçons à tirer de la façon dont certaines petites entreprises, avec leurs dirigeants, mènent leur combat pour surmonter les obstacles qu'elles rencontrent !

Bon nombre de ces patrons, souvent autodidactes, qui se sont formés sur le tas, ont appris, pour survivre et préserver leur entreprise et l'emploi, à relever de véritables défis. Leur courage, leur expérience et leur savoir-faire, comme leurs résultats, sont parfois exemplaires. Sans pour autant les oublier dans l'analyse globale de la situation, compte tenu du rôle important qu'elles jouent sur le marché de l'emploi, il faut se garder de tomber rapidement dans des généralisations et des raccourcis aussi malheureux qu'inopportuns. Mais ici le patron détient le pouvoir absolu. Dans ces PE et TPE, les difficultés et les problèmes, comme les opportunités ou les solutions, sont de natures trop différentes pour être assimilables et comparables à ceux ou à celles d'entreprises plus importantes.

Pouvoir, maîtrise et performance

C'est le sens même de la stratégie d'entreprise. Cet exercice du pouvoir, nous le vivons et le pratiquons au quotidien, à tous les niveaux, dans nos simples relations de travail. Celles-ci, indispensables au développement de l'activité, impliquent une multiplicité de contacts alternatifs entre supérieurs et subordonnés. De fait, ces contacts plus ou moins formels sont des relations de pouvoir. On peut affirmer que la relation de pouvoir, quelles qu'en soient sa forme et son intensité, est omniprésente dans l'entreprise.

Alors que ces relations devraient en principe s'appuyer sur une confiance et une estime réciproque dans un esprit de justice et de discernement, elles sont trop souvent gérées en termes de rapport de force, un rapport à la peur de l'autre. Le soutien mutuel n'exclut pas la critique raisonnée. L'accord parfait sur tout et pour tout, pas plus que la complicité passive en toutes circonstances, ne sont pas nécessairement des indices de bonne santé des relations. Les relations de pouvoir, à tous les niveaux, ne peuvent pas se résumer à une lutte permanente plus ou moins feutrée qui s'apparente à la guerre de cent ans.

De fait le pouvoir peut être défini comme la capacité d'influer sur l'agir d'autrui, que cela concerne une personne ou un groupe. Le management qui accompagne l'exercice du pouvoir, associe pour sa part deux notions : l'homme et l'action. On peut alors comprendre que l'acceptation du pouvoir ne soit pas un acte naturel surtout quand la nature du pouvoir utilisé est statique, c'est-à-dire plus en rapport avec le titre, la fonction, le rang hiérarchique, qu'avec la valeur de celui qui en use.

Inversement, le pouvoir dynamique qui a trait à la personne, à son savoir, à son expérience et à la qualité de sa relation interpersonnelle passe mieux. Il est directement lié à l'image exportée dans le concret par celui qui l'exerce. C'est lorsque ses collaborateurs s'impliquent que son champ d'action s'élargit, que son audience s'accroît, que ses idées sont partagées et ses propositions acceptées par sa hiérarchie, que le responsable peut mesurer la réalité et la qualité de son pouvoir. La performance est alors au bout du chemin, il n'y a pas lieu d'en douter.

La qualité et la nature des relations de pouvoir dépendent, pour l'essentiel, autant des règles du jeu explicites ou implicites que l'entreprise a admises ou tolérées que de la personnalité des individus en présence. La force des habitudes peut aussi légitimer ici ou là, certaines règles du jeu illicites, et ce, à l'insu ou à l'instar du supérieur. Le processus quand il se généralise pollue petit à petit l'ensemble des relations de pouvoir, favorisant le non-dit et la loi du silence. Les subordonnés sont soumis ou résignés. Il n'est plus question dans ce cas-là de parler de performance.

Le temps où seul le pouvoir absolu et discrétionnaire pouvait être utilisé comme instrument de management est révolu. Cette philosophie des relations de pouvoir est à l'origine de l'ensemble des problèmes de communication et d'autorité dans les organisations. Si beaucoup s'accordent sur ce point, combien sont réellement prêts à modifier leurs pratiques et leurs comportements d'autorité ? Peu en réalité.

Le pouvoir et l'argent

Un des aspects du pouvoir à ne pas ignorer, c'est celui de l'argent. Personne n'ignore son importance, surtout lorsqu'il s'agit d'investissement, de développement, de montages économiques, technologiques ou de changements innovants. L'augmentation en termes de fonds propres, l'ouverture à l'actionnariat sont autant de données qui vont modifier la relation au pouvoir. Les dirigeants sont astreints et contraints, dépendants eux-mêmes de leur relation à l'argent.

L'importance du pouvoir de l'argent va dépendre des actionnaires. Elle sera d'autant plus grande que leur influence sera décisive. Les multinationales en sont un bel exemple. Le pouvoir d'achat baisse, les entreprises ferment, les multinationales délocalisent et la puissance financière continue à distribuer sans compter du crédit pour leurs projets. Leurs bénéfices ne cessent de croître. La plupart des grands groupes ont des comptes à l'abri des mesures fiscales. Ce sont des « niches officielles » qu'aucun pouvoir politique ne peut contrôler.

De leur côté, les TPE et PE, comme les entreprises de taille moyenne dépendent de leur capacité à investir. Ce pouvoir est lié à la possibilité d'obtenir des financements. Cela doit passer par l'accord de prêts bancaires, l'obtention de subventions et le soutien de l'État ou de collectivités locales.

Les jeux sont inégaux. La loi du marché s'impose et les « petits » ont du mal. L'importance de la relation aux autres et de l'exercice du pouvoir dans l'entreprise est essentielle pour établir l'indispensable relation de confiance. Mais dans le doute et en situation économique et financière difficile, le pouvoir du dirigeant est affaibli. C'est le pouvoir de l'argent qui prédomine...

En conclusion, sur le terrain particulier de l'exercice du pouvoir interne dans l'entreprise, des progrès certes dispersés et insuffisants sont néanmoins accomplis et des points de non-retour sont franchis. Malheureusement cette inflexion sensible est encore trop souvent fonction des circonstances, due aux contraintes et à quelques initiatives individuelles plus qu'à une volonté affichée de l'entreprise, vérifiable dans les faits.

A tous les niveaux de l'entreprise ou d'une organisation, publique ou privée, quelle qu'en soit la nature et la taille d'ailleurs, le pouvoir de position reste la référence. Il masque d'autres qualités de pouvoir des responsables et dispense de toutes critiques en n'acceptant pas la notion d'erreur. C'est peut-être pour cette raison aussi que nos entreprises ont tant de difficultés à être globalement performantes.

VIII – 5

Du management au leadership
Une capacité et une liberté d'entreprendre

Le monde bouge. Les perturbations et les risques sont de toute nature qu'il s'agisse des conflits, armés ou non. Les instabilités croissantes de gouvernance accentuent l'insécurité dans son acception la plus large. Les profonds changements dont nous n'avons pas encore mesuré l'ampleur, viennent bouleverser nos habitudes, une immigration croissante, sans parler d'un dénominateur commun avec l'écologie et le dérèglement climatique. Les premières touchées sont nos entreprises de taille moyenne, leurs dirigeants, les femmes et les hommes qui les composent. Autant dire nous tous…

S'adapter pour survivre et réagir pour anticiper

C'est en termes de survie de ces entreprises que le problème se pose aujourd'hui. Et c'est bien en termes de renaissance, bien sûr d'adaptation et surtout d'anticipation qu'il faudra le résoudre. L'échec en la matière n'est pas une fatalité. Les grandes multinationales échappent en partie à cette remise en cause.

Toutes nos entreprises en revanche ont besoin de vrais dirigeants responsables, courageux qui sauront enfin faire abnégation de leur personne pour orienter, réfléchir, choisir et savoir décider. Il faut qu'ils admettent de se remettre en cause, de reconnaître leurs erreurs, ce qui ne doit pas les priver du sens de l'écoute, de la communication et de la relation aux autres. Les petites et moyennes entreprises le comprendront plus rapidement, si ce n'est déjà fait pour un bon nombre d'entre elles. Cela est très différent pour nos grandes entreprises multinationales. Cette étiquette de grand manager ou capitaine d'industrie, dont on qualifiait très souvent leurs responsables, est désormais dépassée. Valable pour certains, héritée ou usurpée pour d'autres, elle ne peut plus être un critère d'excellence comme elle le fut pendant les trente glorieuses.

Ce retard comme ce refus d'adaptation au changement permanent, à tous les niveaux de notre société, qui sont autant dans nos têtes que dans nos habitudes, entretiennent et aggravent cette situation de crise. Ces grands ensembles publics ou privés pullulent de managers qui certes contribuent, chacun à leur manière, au fonctionnement et au progrès de leur entreprise, mais qui n'osent pas ou ne peuvent pas prendre d'initiatives ou faire valoir leur point de vue, au risque d'être écartés. D'autres, plus préoccupés par leur carrière, resteront-ils dans la frilosité de ces managers suiveurs, adeptes du silence et de la langue de bois ?

Pourtant, la grande majorité d'entre eux resteront des alibis. Seuls quelques-uns auront peut-être plus de chance d'être de futurs promus, entretenant la dégénérescence d'un système subtil d'auto cooptation. Mais cela ne pourra plus être acceptable. Une des clés qui permettrait de s'affranchir d'une partie de ce malaise profond, passe par un nouveau choix des femmes et des hommes aptes à accéder à ce haut niveau de responsabilité. La France s'y refuse. Un simple regard sur le Cac 40 confirme ce constat.

L'authenticité du besoin de leaders

Au moment où des décisions économiques et sociales déterminantes s'imposent, tandis que le progrès scientifique et technologique s'affirme, la créativité et l'innovation, comme l'audace et l'initiative, associées à la capacité de prise de risques, seront les atouts majeurs des gagnants de demain. Indispensables pour l'avenir de notre société.

La liberté d'entreprendre ne doit plus s'adresser simplement au créateur ou au chef d'entreprise. Elle concerne l'ensemble de toutes les femmes et de tous les hommes, sans distinction et discrimination, quel que soit leur position dans l'entreprise. Et ce, dès lors qu'ils possèdent ce petit plus stratégique qui leur permet d'analyser, d'imaginer, de créer, d'orienter, de décider, de mobiliser et de rassembler avec foi autour de projets porteurs, en s'appuyant sur un ensemble de valeurs partagées.

C'est de ce leadership dont nos entreprises, toutes catégories confondues, ont le plus grand besoin. Le paradoxe, c'est que la plupart d'entre elles disposent en leur sein de tous les atouts et des potentialités nécessaires et suffisantes qu'elles sont pourtant incapables de révéler, quand elles ne s'acharnent pas à les étouffer...

Autrement dit

Aucun doute que nous vivons une période charnière de profondes mutations. Le passage tant annoncé à l'ère post-industrielle, à celle de la valorisation du savoir et de l'être, de l'environnement, de la production immatérielle, des services et de la communication directe est définitivement engagée. Pour autant, en France, la production et le service, avec le développement d'un nouvel outil industriel et du numérique, ne doivent pas être négligés. Ce serait même une très grave erreur. La valeur ajoutée est l'atout principal. Par un manque de référence ou de modèle transposable, cette transition vers le futur, lente à l'échelle de nos soucis quotidiens, se fait d'un pas hésitant, rempli d'embûches.

Signature de notre passé, de toutes nos valeurs et de tous nos propres acquis technologiques, économiques, sociaux et culturels, l'avenir, plein d'incertitudes et de complexités, ne se construi-

ra coûte que coûte, qu'avec le concours de vrais leaders ayant fait leur preuve sur le terrain. Mais, suivant notre choix, soyons conscients que nous ne le vivrons pas tous de la même façon...

Conclusion
Mobilisation autour de nouvelles attentes

La relation au travail a toujours évolué régulièrement. Ce changement permanent, reconnu par définition, ne s'arrêtera jamais. Au-delà d'une société adaptative, est-il possible d'imaginer qu'elle parvienne à un degré d'anticipation satisfaisant ? Jusqu'à présent, il n'y avait pas de surprise. La mutation de cette relation est en train de s'accélérer. Si cela est d'abord lié aux progrès scientifiques et technologiques, la relation au (et dans le) travail doit aussi s'adapter pour absorber les conséquences de la crise et la progression de la mondialisation.

Nombreux sont les salariés en quête d'un emploi stable et qui ont du mal à comprendre et à accepter ces changements. Beaucoup d'entre eux sont encore inquiets. Perturbés par un environnement instable, ils sont demandeurs de prérequis pour assurer leur avenir.

Entreprises et salariés : des attentes de natures différentes

Dans le contexte économique actuel, entreprises et salariés ont à nouveau besoin de retrouver un équilibre pour développer une autre relation au travail. Les prérequis nécessaires se traduisent sous forme d'attentes de deux natures différentes. Les unes sont directement liées aux besoins personnels et à l'environnement proche, les autres concernent l'entreprise et le milieu du travail. La forte inquiétude sur l'emploi les amène à relativiser leurs problèmes et à les hiérarchiser. Leur regard sur l'emploi, le travail et les loisirs s'en trouve modifié. Il faut profiter de cette remise en cause personnelle pour remobiliser les salariés dans ce contexte d'excellence et d'évolution que nécessitent les nouvelles variables externes liées à la compétitivité.

Leur vision sera alors beaucoup plus globale et s'exprimera souvent en termes d'activité et d'occupation, en relation directe avec la raison d'être. Dans la mesure où leurs besoins fondamentaux d'existence seront satisfaits en cas de coup dur, leur projection sur l'avenir sera dans les faits moins pessimiste qu'il n'y paraît. Ils pourront s'accommoder d'un mélange d'emploi salarié à temps partiel, complété par d'autres activités partiellement rémunérées. Préserver l'emploi présentiel demeure évidemment au centre des préoccupations des salariés. Au-delà des avantages incontestés dans certains corps de métiers « in situ », le numérique ne peut être la solution pour tous. On peut penser au télétravail et intelligence artificielle. Libérer du temps et des contraintes est une chose, faut-il être en mesure de générer de l'activité utile. Mais là encore, la présence de l'Humain est indispensable. L'innovation est le résultat de données complémentaires issues de l'imagination et de la créativité.

Une forte majorité de salariés considère que la plupart des entreprises ne font pas tout ce qui est en leur pouvoir pour aller dans le sens de préserver voire de développer l'emploi. Ils sont près des deux tiers à penser qu'elles abusent encore de plus en plus des licenciements préventifs. N'oublions pas qu'aujourd'hui, en cas de recherche d'emplois, plus de 80% des contrats proposés aujourd'hui sont toujours précaires et de courte durée.

C'est dans l'entreprise que se trouvent les solutions

La plupart des salariés est persuadée que les solutions viables sont à trouver d'abord dans l'entreprise. Sans écarter la participation des syndicats, des initiatives ponctuelles et ciblées du gouvernement, ils comptent plus sur eux-mêmes et sur leurs dirigeants pour les élaborer ensemble. Ceci ne les empêche pas de reprocher à ces derniers un manque de dialogue et de réflexion.

Confier du travail à quelqu'un, le charger d'une mission, lui déléguer une responsabilité, n'est pas une mince affaire. L'art de mobiliser ne consiste pas à distribuer des rôles et à se contenter d'attendre le résultat. Pour que la tâche soit motivante, pleine et entière, elle doit représenter un véritable défi dans les limites des capacités potentielles de l'individu. Son action doit être aussi considérée par lui et reconnue par ses pairs et collègues comme importante, utile et respectable. Soutenu dans sa mission, l'individu doit se sentir fier de ce qu'il entreprend. C'est à partir de cette attitude qu'il prendra conscience de la notion d'excellence.

Toutes nos entreprises, surtout les petites et moyennes, ont besoin de vrais dirigeants responsables, qui devront en permanence être en mesure de réagir avec talent pour convaincre et mobiliser à tout moment leur personnel.

La considération, le respect et l'estime sont des valeurs auxquelles il faudra attacher une importance primordiale pour réduire le frein au changement permanent. La réussite n'est pas un leurre, mais elle se mérite.

Remerciements

Je remercie tous ceux qui m'ont encouragé à écrire ce livre et à le mener à son terme. Je pense à tous mes proches, à Hélène, mon épouse, à tous mes amis et en priorité à Georges, Robert et Pascal, pour leur apport permanent sans oublier aussi le soutien particulier d'André, de Michel et de Paolo. Grâce à leur acquis, à leur vécu et à leur passion du passage à l'acte, tous ont participé et contribué sur le terrain à faire vivre et partager cette autre façon d'entreprendre, en contribuant aussi au développement du Club Espace 21. J'ai une attention toute particulière pour mon cousin Maurice Gamond, chef d'entreprise, philosophe et penseur de l'équipe. Il nous a tous fait profiter de sa brillante expérience et de son sens de l'analyse avant de nous quitter récemment, tout comme mon grand ami René Pellat auquel je dois beaucoup.

Merci aussi à tous mes anciens patrons, amis et collaborateurs qui m'ont fait confiance, à mes réseaux de relations, de personnalités, dirigeants, politiques et gouvernants, comme d'amis du Club Espace 21 et de compagnons des diverses associations auxquelles je participais. C'est grâce à eux et avec eux que j'ai pu vivre, observer et comprendre les comportements de ces classes dirigeantes et renforcer mon point de vue. Je leur exprime toute ma reconnaissance.

Un dernier merci à tous ceux de nos lecteurs du blog du Club dont les remarques allusives et la pertinence des commentaires sur le sujet m'ont incité à écrire cet essai.

Du même auteur

L'Élitisme en question, *sous l'emprise de l'incompétence,* Éd. du Panthéon, 2023, Jacques Martineau

L'Union européenne en crise, *la fin d'une illusion*, P.RO.COM, 2020 Jacques Martineau et Seguin Georges, avec Maurice Gamond

L'Union européenne ce n'est pas l'Europe, Éd. CE21, 2018 Jacques Martineau et Seguin Georges, avec Maurice Gamond

L'emploi…, c'est tout de suite ! *Comment créer un million d'emplois et faire 10 Md€ de recettes par an*, P.RO.COM, 2014, Jacques Martineau,

L'entreprise gagnante, *un concept global pour gérer la compétitivité dans l'instabilité*, Éd. CE21, 2015, Robert Guillo, Jacques Martineau,

Une Europe sans euro ou un Euro sans europe, P.RO.COM, 2012 Jacques Martineau, avec le concours du Général Serge Auzanneau,

Le réveil n'a pas sonné, *Comment retrouver le chemin de l'emploi ?* Éd. CE21, 1995, Jacques Martineau, préface de René Pellat,

Le réveil de l'intelligence, *une autre façon d'entreprendre*, Éd. de l'Organisation, 1989, *primé au Trident de l'entreprise,* Jacques Martineau, préface d'Alain Vidart

Depuis 2012, l'ensemble des publications de Jacques Martineau et de ses amis, livres, articles et éditoriaux, est référencé et accessible sur le site de Club Espace 21 (www.clubespace21.fr).

---

[1] Toutes références à des auteurs, des ouvrages, des études, des articles et aux multiples commentaires sont mentionnées dans la plupart des thèmes et sujets abordés à retrouver sur le site de Club Espace 21.

Annexe

La décision est au centre de tous les défis et des futurs enjeux

Nous sommes tous des managers !
Comment s'engager dans l'action

*Liste des sujets présentés et illustrés**
Supports d'aide à la réflexion et à la présentation

Choix et décision
Communication
Comportement d'autorité
Concept TEAM
Créativité et motivation
Existence et performance
Formation-action
Gestion des conflits
Organisation à Interaction multiple
L'outil diagnostic TEAM
Passage à l'action
Responsabilité
Ressources humaines
Le Système ou la Théorie des Bulles

* Chaque sujet dispose de 4 illustrations

Choix et décision (1-2)

C'est le passage à l'acte qui responsabilise le manager. Pour rester concret, essayons de dégager divers aspects de ces processus de choix et de décisions. Cette réflexion et le travail qui s'en suit sont indispensables.

Club Espace 21 — **Choix et décision**

La responsabilité n'est pas un état final. C'est au contraire :

- **un point de départ pour l'action.**

A tout instant, à tout propos, le manager est confronté à deux actions complémentaires :

- **choisir et décider**

Actes responsables à gérer au mieux. la crédibilité de celui qui est assume est en jeu.

@ Club Espace 21
Choix et décision 1 — www.clubespace21.fr

Le choix n'a de valeur que dans la mesure où il est suivi d'effets. Suivant les cas, il se présente sous des natures différentes.

Club Espace 21 — **La nature du choix de décision**

Le contexte et l'objet influent sur la nature du choix :

L'absence de choix :
- Non choix, évident pour tous, sans conséquence
- Choix prévisible, orienté ou sous influence (positive ou négative)
- Choix du laissez faire avec ses conséquences

Le débat au service du choix :
- Choix multiple à « tiroirs » Information, ordre, consultation, concertation, négociation, suivant la nature de l'objet

Les choix décisionnels :
- Choix décisionnel sur ordrewww.clubespace21.fr
- Choix décisionnel après consultation
- Le choix décisionnel après concertation

@ Club Espace 21
Choix et décision 2 — www.clubespace21.fr

Choix et décision (3-4)

La responsabilité n'est pas un état final. C'est au contraire un point de départ pour l'action. L'opportunité de la prise de décision, comme le moment choisi pour agir font partie des paramètres qu'il faut apprécier.

Club Espace 21 — **Principes de base de la prise de décision**

Toute décision nécessite de prendre en compte, les paramètres suivants :

- « Urgence » — En fonction du contexte
- « Pourquoi » — Enjeu(x) et conséquence(s) de la décision ?
- « Quoi » — Objet et importance ?
- « En quoi » — Effets sur les habitudes et les mentalités ?
- « Quand » — Opportunité, urgence, report, temporisation ?
- « Comment » — Méthodologie et Forme ?

Cette revue de principe dépend avant tout de la nature de celle-ci

@ Club Espace 21
Choix et décision 3 www.clubespace21.fr

S'il n'est pas possible de sortir une recette du chapeau, néanmoins quelques principes de base peuvent être retenus quant au choix des modes de prises de décision.

Club Espace 21 — **Les formes courantes de décisions**

La prise de décision est le fait du responsable quelle qu'en soit l'origine ou la forme

L'ordre :
Cette forme de décision réflexe s'appuyant sur la position hiérarchique, ne doit concerner que les prérogatives de base et attributs de la fonction.

La consultation :
La décision est prise. Le responsable hiérarchique en informe tout ou partie de ses collaborateurs. Il écoute leurs remarques et avis. Il doit les informer de sa décision définitive.

La concertation :
La décision n'est pas encore prise. Les personnes concernées se réunissent avec le responsable. Avis, débats, propositions, pour aboutir à un consensus satisfaisant.

Du choix à la décision, le « pas » qu'il faut savoir franchir

@ Club Espace 21
Choix et décision 4 www.clubespace21.fr

La communication (1-2)

La communication au sens large est la base de toutes nos relations au quotidien. Nul n'échappe au besoin de communiquer. Les entreprises et toutes institutions et organismes se doivent d'être attentive à son usage en toutes circonstances.

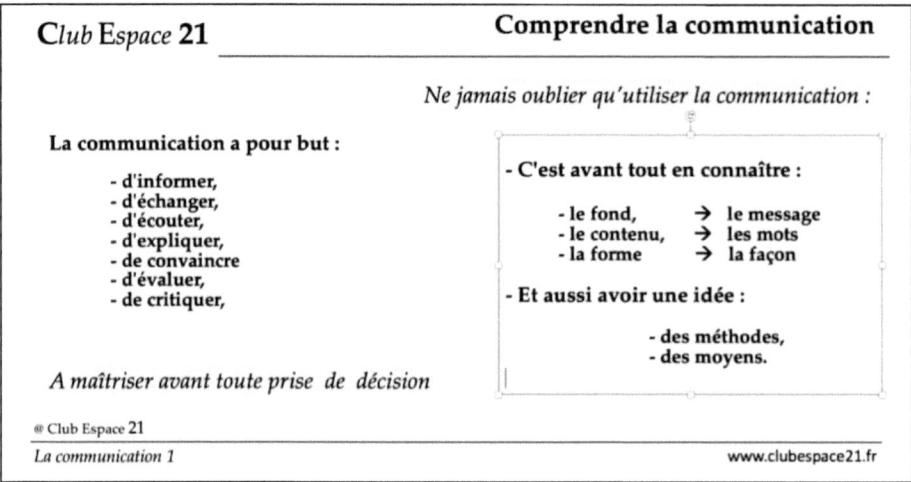

La communication est très mal utilisée. La forme *(la façon et les moyens d'expression)* prime sur le reste alors que le fond *(le message à transmettre)* et le contenu *(les mots pour le dire)* demeurent essentiels.

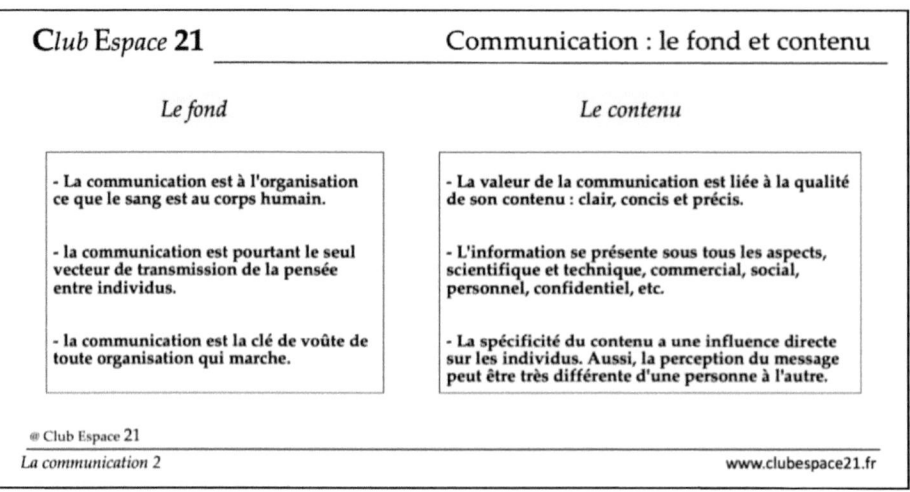

La communication (3-4)

Il faut surtout être vigilant en matière d'informations, publicitaire ou non, de communication, de débat ou d'interview sur l'entreprise, ses résultats et ses ambitions. La confusion prédomine pour un mal-dit, un écart ou une omission.

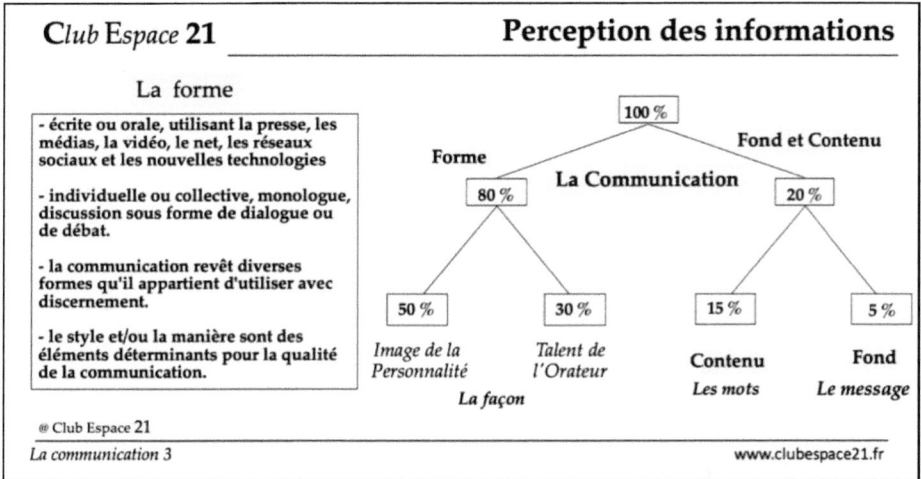

La communication dans acception la plus large est une composante à utiliser avec intelligence et à considérer comme un atout stratégique de l'entreprise à manipuler avec précaution, en interne comme en externe.

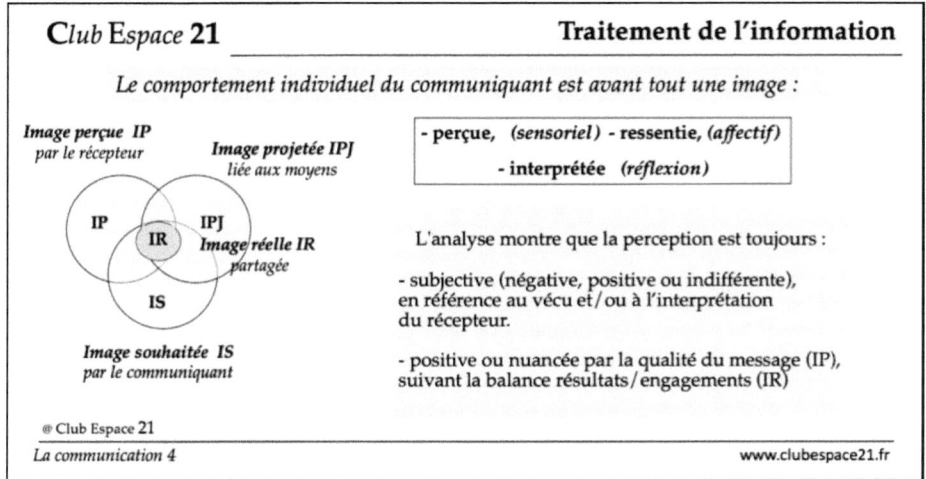

Comportement d'autorité (1-2)

Après le titre, la définition de la fonction, au-delà d'une compétence par attribution, s'ajoute un autre moyen de s'affirmer et d'agir en toutes circonstances : le comportement d'autorité.

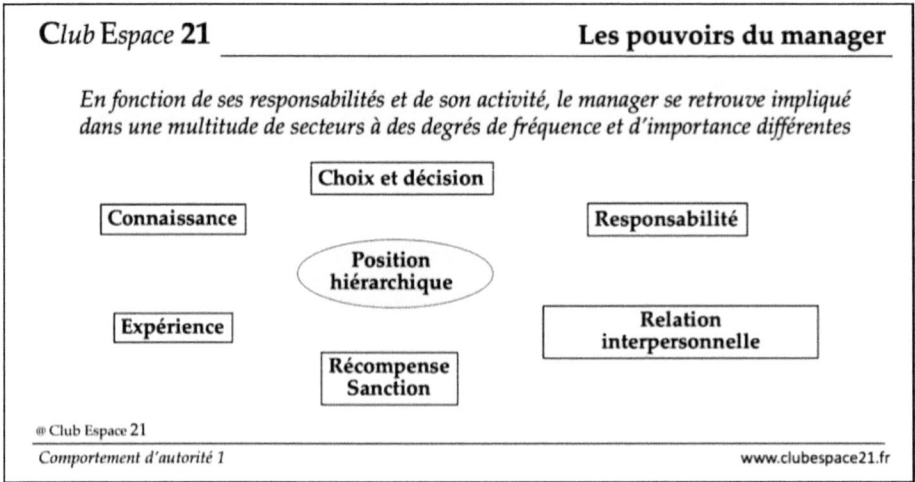

Le comportement d'autorité, propre à chacun dans la forme, caractérise le pouvoir réel du manager.

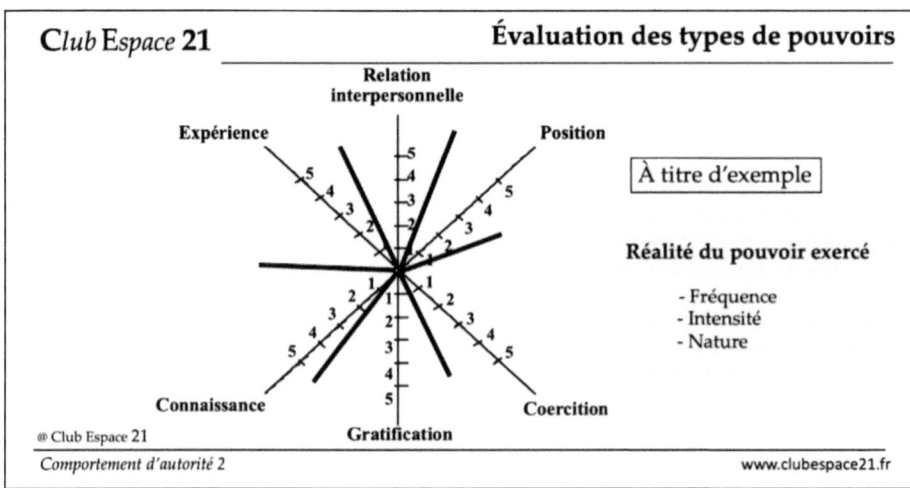

A chaque instant, dans tous les cas de figure, la façon d'agir, les décisions nécessitent des attitudes différentes. Ces types de pouvoir caractérisent le comportement.

Comportement d'autorité (3-4)

Le comportement d'autorité n'est pas un état en soi. Il est propre à chaque entité. Il doit être compris, justifié et admis par l'ensemble des salariés et des autres responsables.

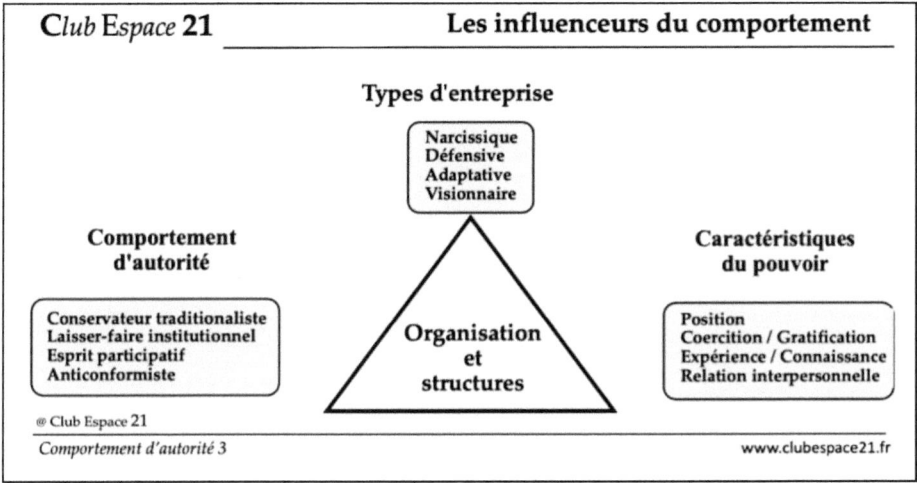

Comportement d'autorité 3

Tout comportement est sous influence de la personne elle-même, du contexte et des interlocuteurs.

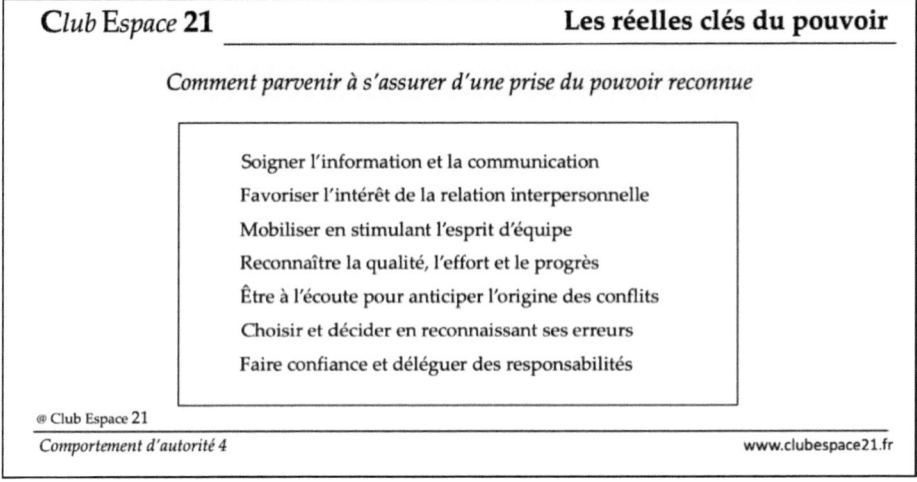

Comportement d'autorité 4

Le Concept TEAM (1-2)

Avant d'agir, il faut avoir une vision à la fois globale et précise du système. C'est l'objet du concept team *(travailler mieux ensemble dans l'action)*.

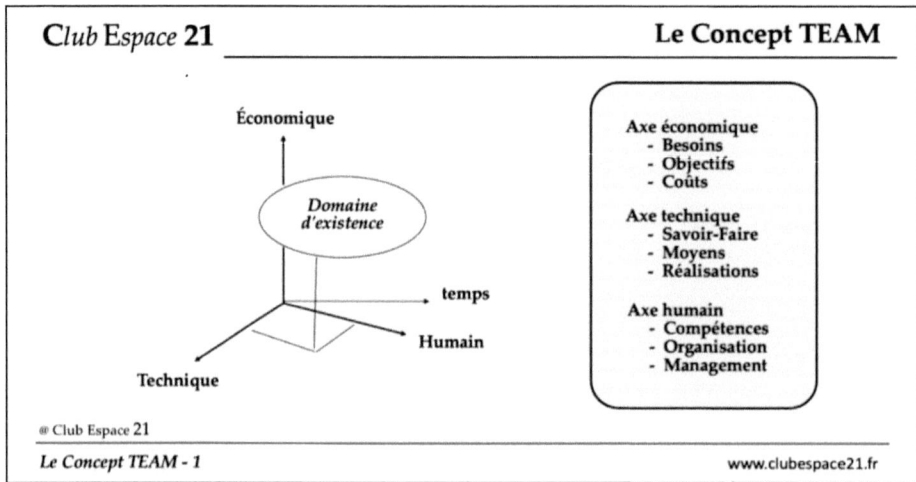

Ne jamais oublier que chacune des positions sur les différents axes varient dans le temps. C'est fondamental !

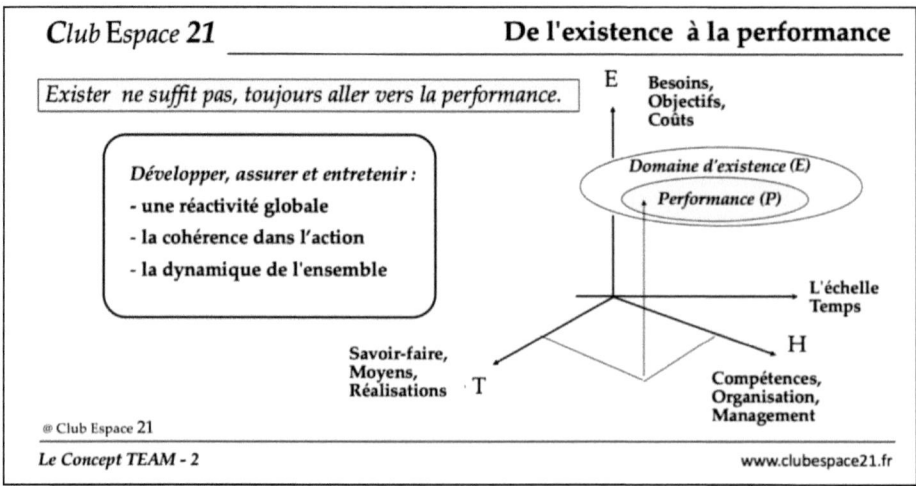

Le Concept TEAM (3-4)

Assurer une cohérence globale entre les plans E/T, E/H et T/H

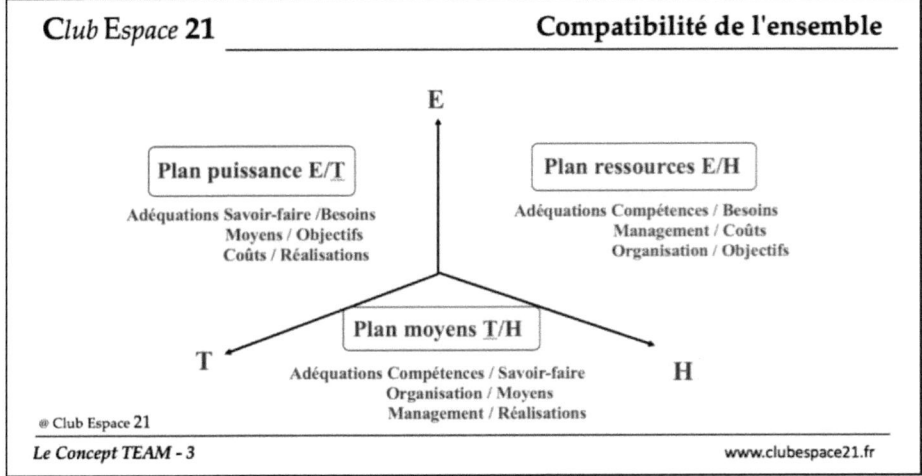

Les difficultés sont toujours présentes en fonction du contexte

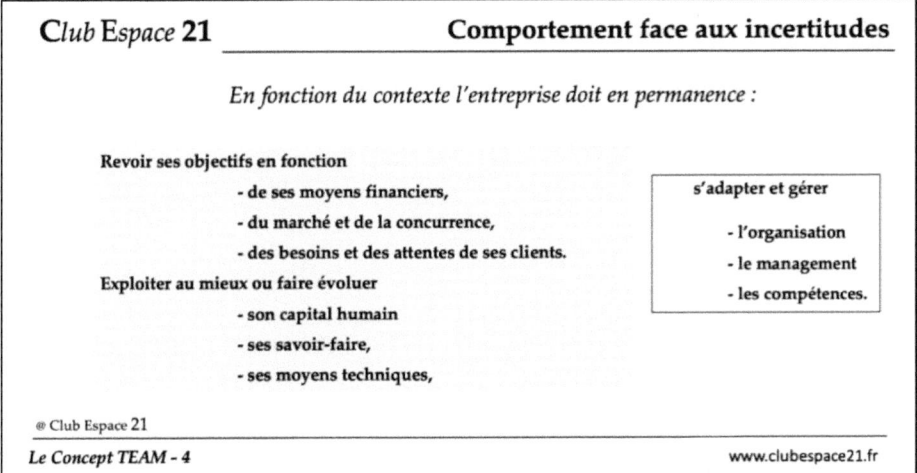

Ne jamais oublier que chacune des positions sur les différents axes varient dans le temps. C'est fondamental !

Créativité et innovation (1-2)

Deux termes qui en réalité concerne l'ensemble de l'organisation, fonctionnelle et opérationnelle. Tous au quotidien sont en mesure de s'affirmer et de contribuer aux améliorations pour le progrès de l'entité (entreprise, organisation, etc.).

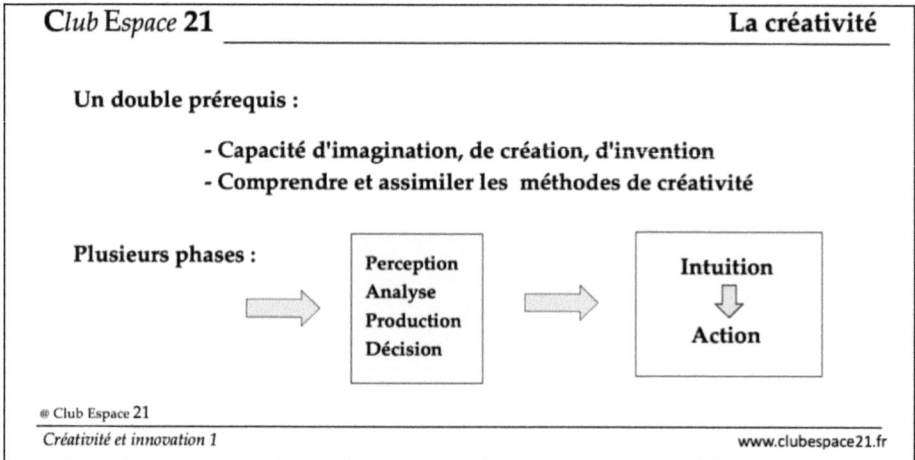

La notion de créativité et d'innovation ne se limite pas à une simple annonce. Elle nécessite un suivi régulier et à un encouragement récompensé.

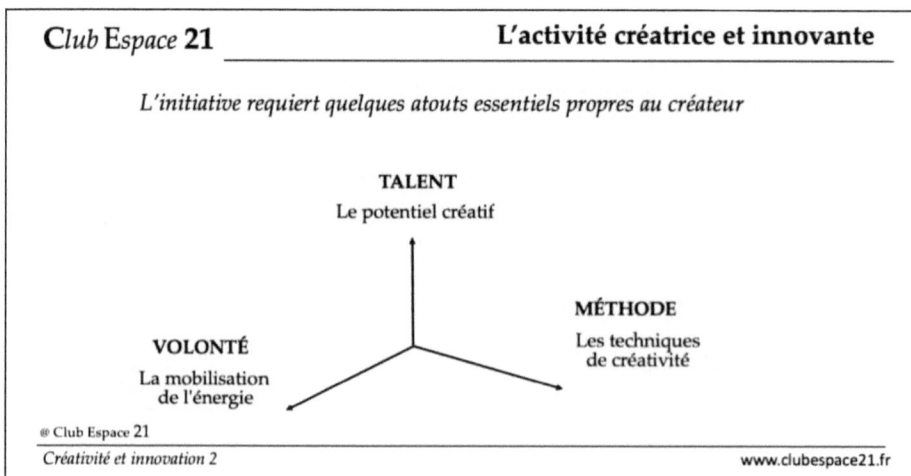

En dehors du talent, la volonté et la méthode sont indispensable pour engendre une activité créative.

Créativité et innovation (3-4)

En termes de créativité pure, à partir de recherche, fondamentale ou appliquée, les conditions sont délicates à mettre en œuvre. Cela nécessite un effort important, coûteux en énergie.

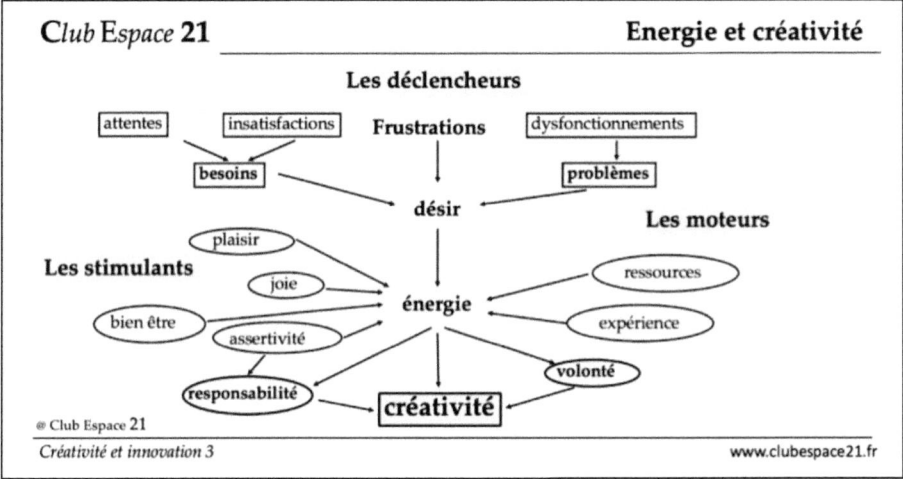

Les éléments déclencheurs, comme les stimulants ont des origines diverses. Les éléments moteurs sont plus de la responsabilité du manager.

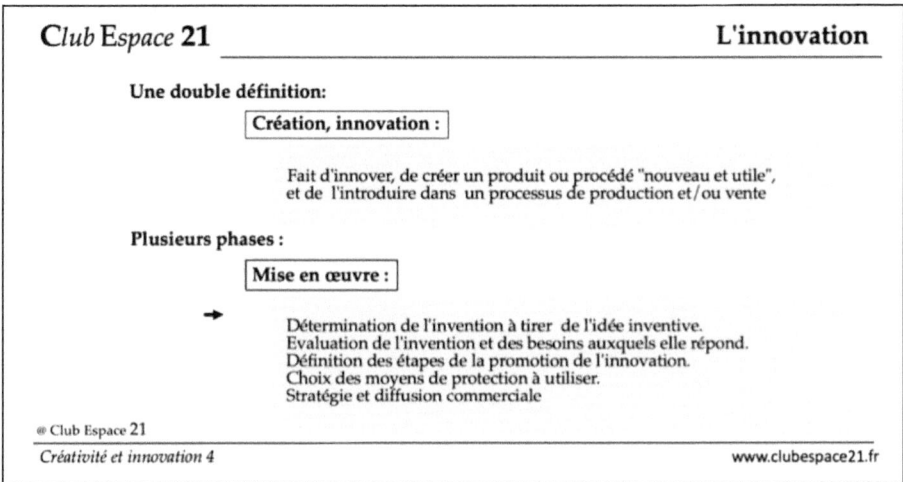

L'innovation provient dans les domaines appliqués, technologiques et numériques par exemple, d'acquis, de recherche et d'efforts permanents de longue durée.

De l'existence à la performance (1-2)

L'existence ne suffit pas. L'importance, c'est le résultat. Mais pour les plus impliqués, l'objectif à atteindre se résume en un mot : la performance.

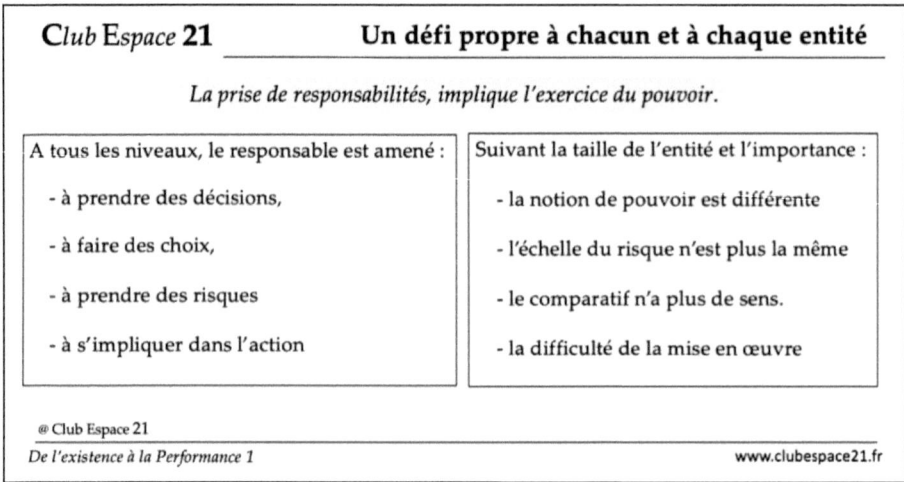

A partir de l'existence, la réussite se mesure au résultat. La conduite de l'action est d'autant plus appréciée qu'elle s'avère efficace.

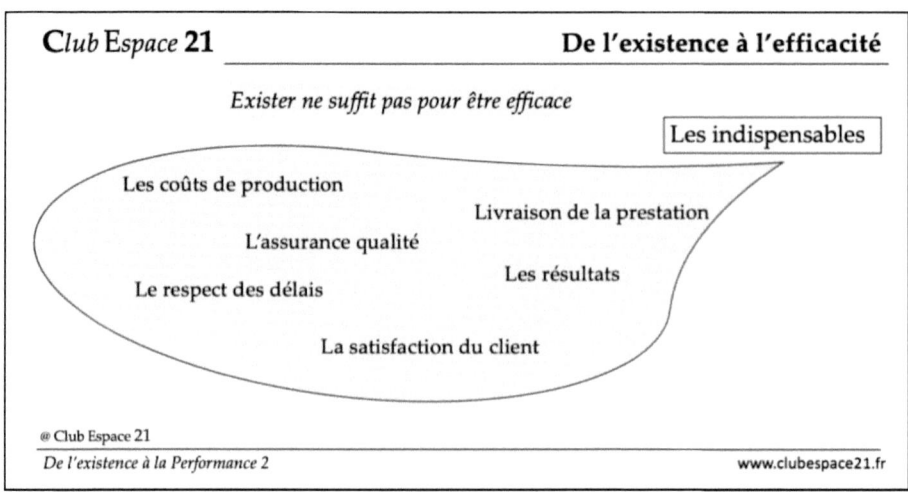

L'efficacité suppose la prise en compte d'une série de paramètres indispensables à maîtriser.

De l'existence à la performance (3-4)

L'efficacité confirme le résultat attendu pour satisfaire les conditions du contrat. Le plus nécessaire pour être performant consiste à optimiser l'ensemble des différents paramètres qui ont conduit au résultat.

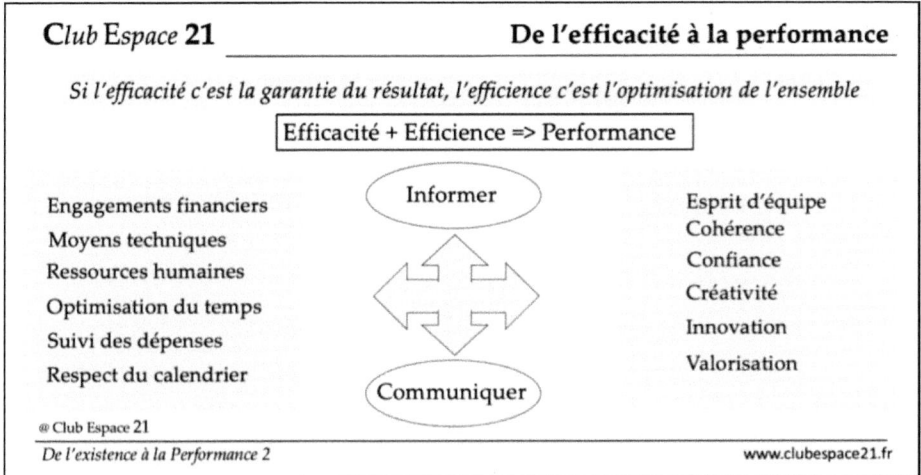

A titre indicatif, appréhender le problème de l'efficacité en termes de surplus de temps perdu en % d'actions inutiles est un « bon » exercice.

Présence 100%	Données relatives à la fréquence		Extraits d'une enquête IBM, réalisée en interne aux USA en 2018	Résultats dans l'action
Redites et effets induits	6%	12%	Réunions inutiles ou de durée excessive	- Satisfaction du client – 88%
Redondance paperassière	4%	8%	Ratés téléphoniques excès mails, réseaux	- Tenue des délais – 94% - Réalisation – 96%
Déplacements laborieux ou inutiles	8%	5%	Repas d'affaires Visites superflues	- Surcoût – 7,4%
Surhiérarchisation Choix des hommes inadapté	9%	4%	Contrôles inutiles Duplication des tâches	- Efficacité – 92%
Absentéisme naturel ou provoqué	> 3 %	7%	Laissés pour compte ou disparus de l'entreprise	- Efficience +15% (récupérable)
Perte d'efficience	> 30 %		Dépassements d'horaires compensatoires (> 15 %)	- Marge brut > 3% (gain)

A chacun d'adapter cet exercice aux conditions réel de travail dans son entité. Le résultat est étonnant.

Formation-action (1-2)

Entretenir et développer ses compétences correspond à valoriser ses ressources humaines. L'implication du manger est entière. Avec un esprit d'équipe autour d'un objectif partagé, propre à chacun, il encourage le progrès et la motivation.

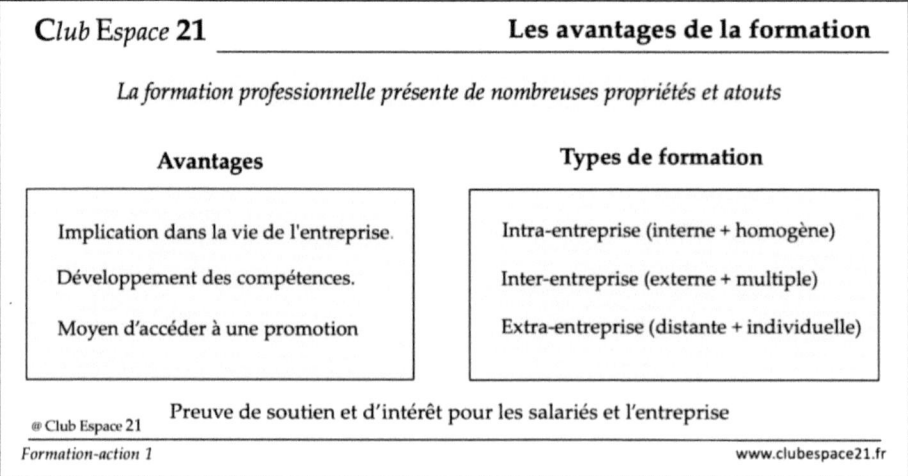

La formation-action ne doit pas se limiter à acquérir de nouvelles connaissances. C'est avant tout le moyen de comprendre les raisons, les avantages et la valeur ajoutée pour participer au progrès de l'ensemble. Elle permet de rappeler les fondamentaux.

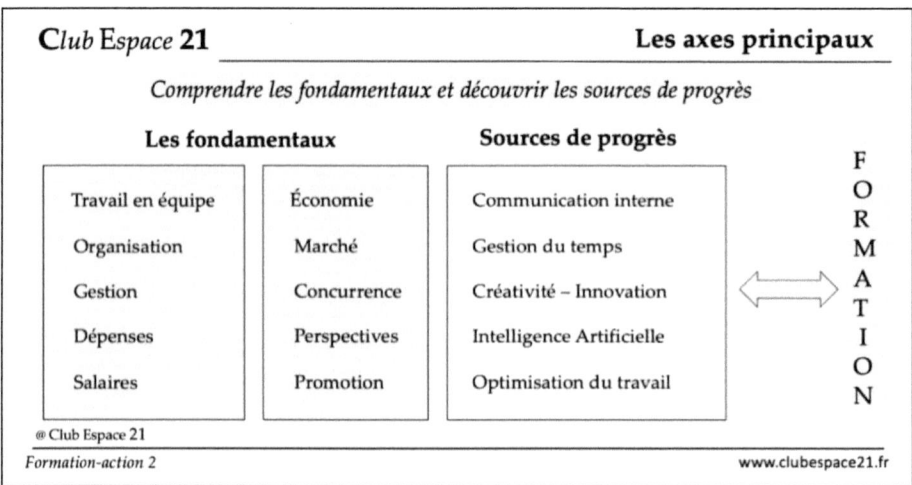

Formation-action (3-4)

Pour être utile et efficace une formation-action ne peut être imposée sans en expliquer l'objectif et l'intérêt. Elle est adaptative et concerne l'ensemble des personnes actives dans l'entreprise qui participent à son développement.

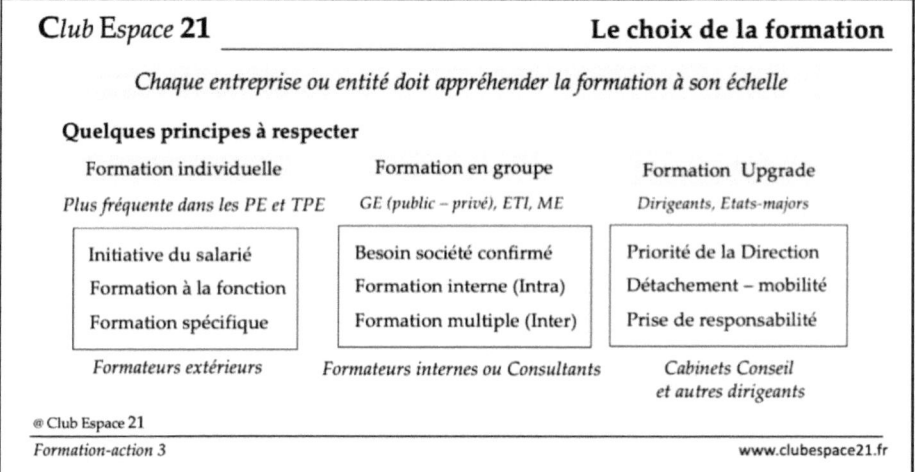

Entité, organisation et entreprise tirent profit de la formation-action à tous les niveaux et dans tous les domaines. Sous toutes ses formes, salariés et dirigeants seront les bénéficiaires d'une formation-action adaptée et maîtrisée.

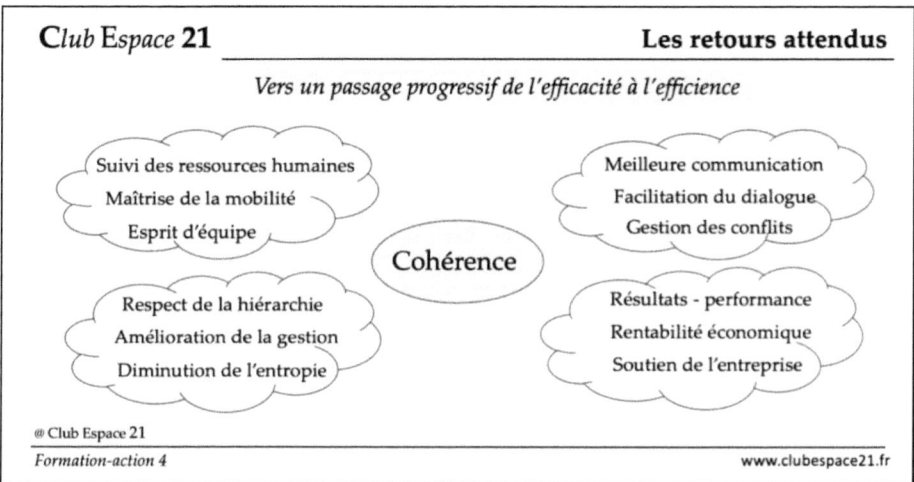

Gestion des conflits (1-2)

Il n'existe pas de système sans conflit. Par définition le conflit se retrouve dans la relation aux autres, individuelle ou collective.

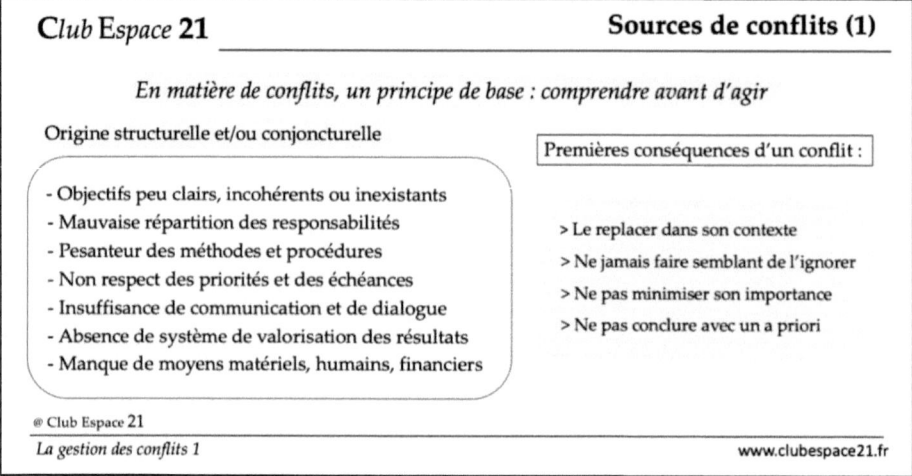

Les raisons des causes sont multiples tout comme les conséquences des effets.

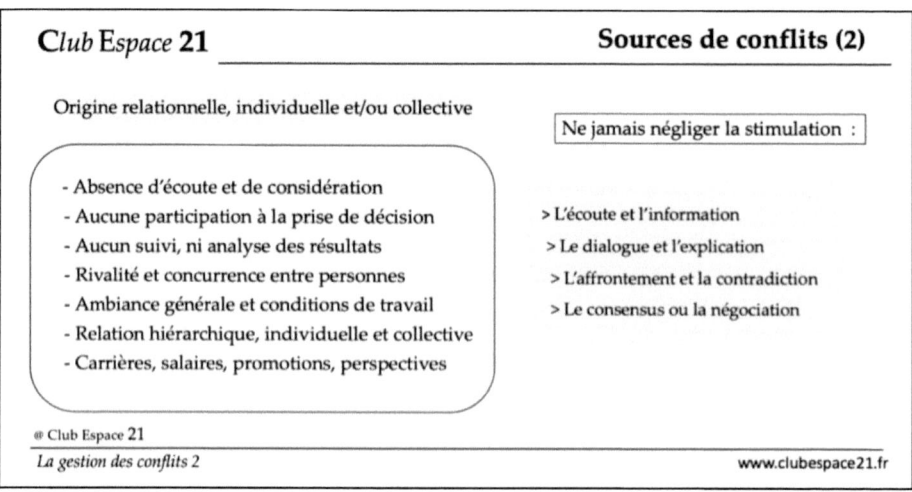

Toujours prendre le recul nécessaire et observer pour tenter d'anticiper les conflits.

Gestion des conflits (3-4)

Un simple schéma permet de mieux appréhender les origines des conflits et mieux comprendre à la fois les risques et les conséquences. Trois origines récurrentes : le Passé (P), l'Information (I), le Changement (C).

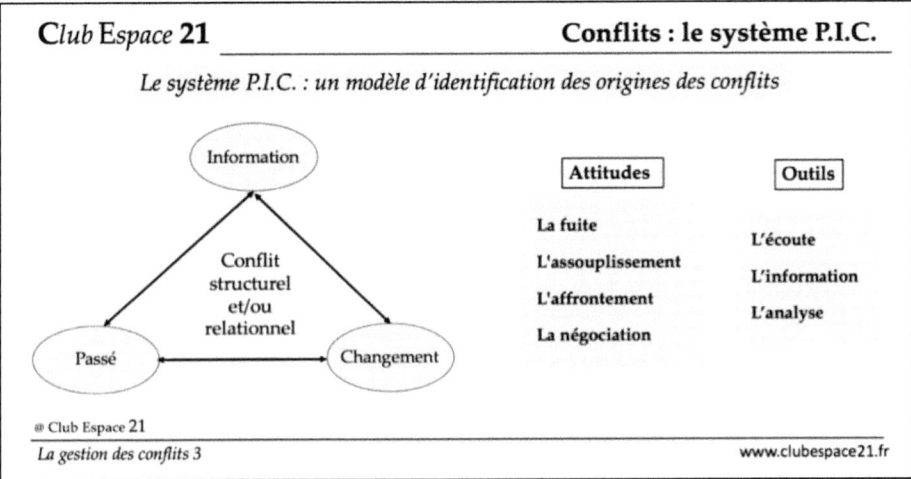

Savoir prendre le temps de l'écoute avoir la modestie de reconnaître ses erreurs, mais rester ferme lors de la prise de décision.

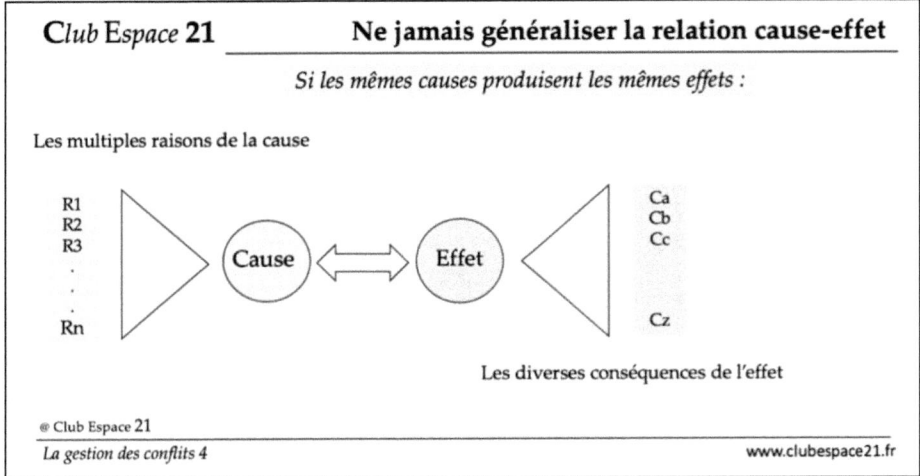

La capacité de la gestion des conflits caractérise la qualité du manager.

Organisation à interactions multiples (1-2)

En matière d'organisation, ne pas confondre la hiérarchie des structures et les concepts de fonctionnement. C'est de la qualité et la transparence du fonctionnement que vont dépendre les résultats. Deux concepts principaux s'affrontent l'un structurel, l'autre interactif.

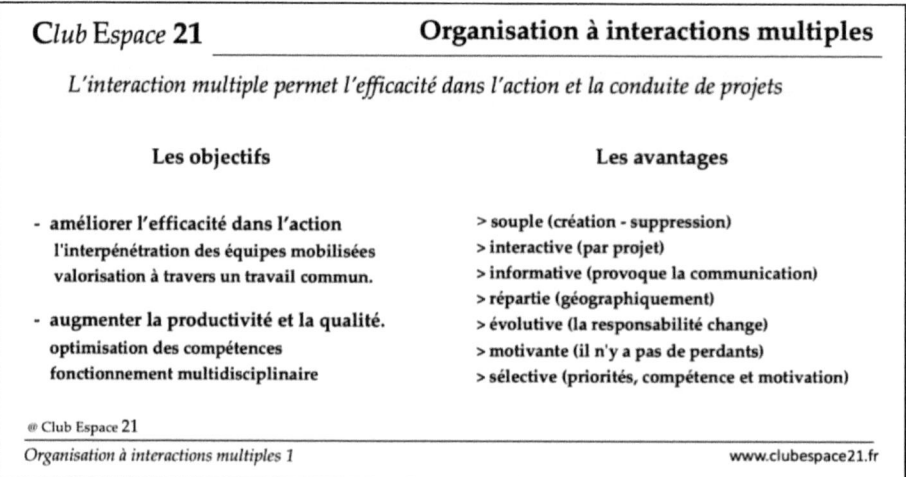

L'idée du concept de fonctionnement interactif repose sur un constat banal : a priori, nous ne sommes pas seuls dans l'entreprise ; et sur un principe : nous devons faire en sorte que les gens travaillent ensemble.

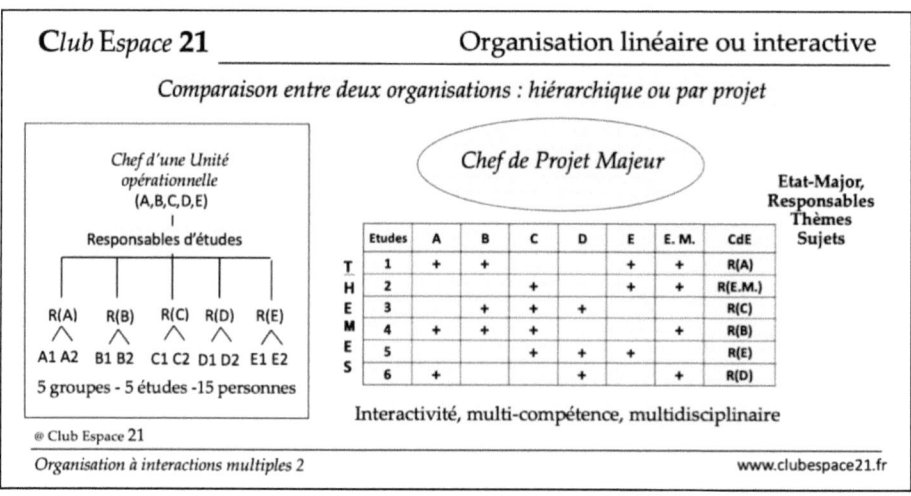

Organisation à interactions multiples (3-4)

Cette organisation fonctionnelle et répartie est évolutive à durée déterminée. La responsabilité du suivi de telle ou telle activité n'est pas figée. Son fonctionnement horizontal, à interactions multiples, provoque une coopération qui s'affranchit dans son passage à l'action de la lourdeur structurelle. Elle implique tous les niveaux de décisions et de responsabilités.

Club Espace 21 — **L'extension multi-niveaux**

Le concept TEAM est l'outil indispensable pour la mise en place d'un projet

Rôle	Participation	Responsabilités	
Technique Scientifique	Pas d'exclus	niveau 1 Unités	Un ensemble cohérent pour assurer
Innovation Moyens Production Opérationnel	Sélective	niveau 2 Entreprise	- Qualité - Performance
Objectifs Marketing Ventes Budget	Restreinte	niveau 3 Projet Majeur Direction Générale	- Fiabilité Des valeurs indispensables…

@ Club Espace 21
Organisation à interactions multiples 3 — www.clubespace21.fr

Le concept interactif associé au concept team complète la panoplie. Ils constituent un espace de liberté d'action du manager, de mobilisation et de stimulation des individus et de valorisation de leurs compétences.

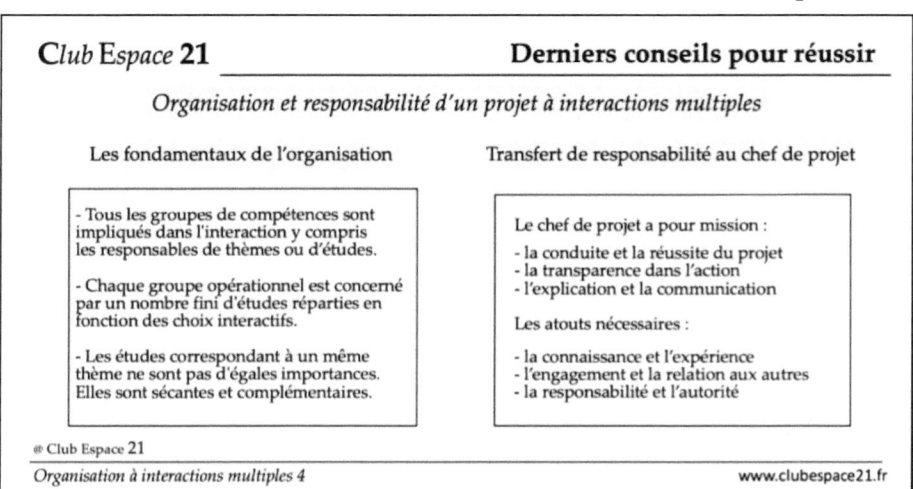

Club Espace 21 — **Derniers conseils pour réussir**

Organisation et responsabilité d'un projet à interactions multiples

Les fondamentaux de l'organisation

- Tous les groupes de compétences sont impliqués dans l'interaction y compris les responsables de thèmes ou d'études.
- Chaque groupe opérationnel est concerné par un nombre fini d'études réparties en fonction des choix interactifs.
- Les études correspondant à un même thème ne sont pas d'égales importances. Elles sont sécantes et complémentaires.

Transfert de responsabilité au chef de projet

Le chef de projet a pour mission :
- la conduite et la réussite du projet
- la transparence dans l'action
- l'explication et la communication

Les atouts nécessaires :
- la connaissance et l'expérience
- l'engagement et la relation aux autres
- la responsabilité et l'autorité

@ Club Espace 21
Organisation à interactions multiples 4 — www.clubespace21.fr

L'outil diagnostic TEAM (1-2)

Le Concept TEAM s'accommode d'une approche détaillée pour apprécier à la fois le contenu et les contours du projet. C'est aussi une méthode de diagnostic indispensable pour comprendre et mieux apprécier les difficultés et les priorités.

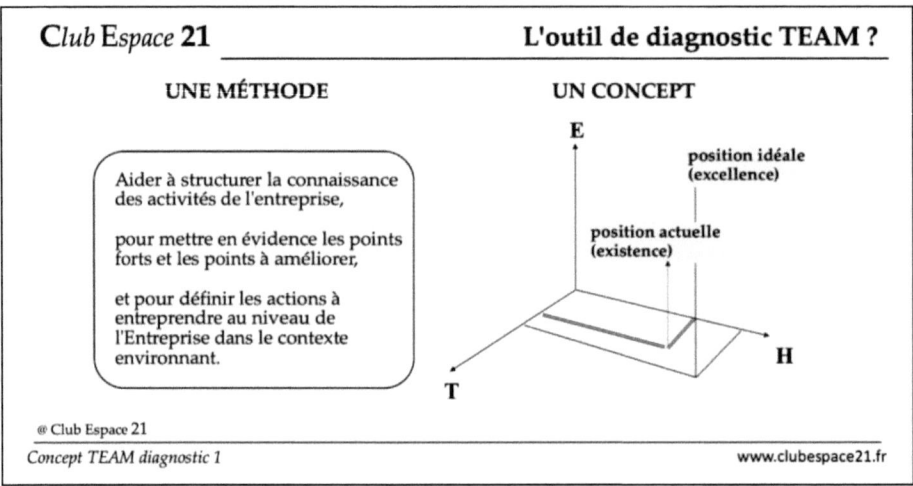

La première phase consiste à mettre en place l'outil d'analyse.

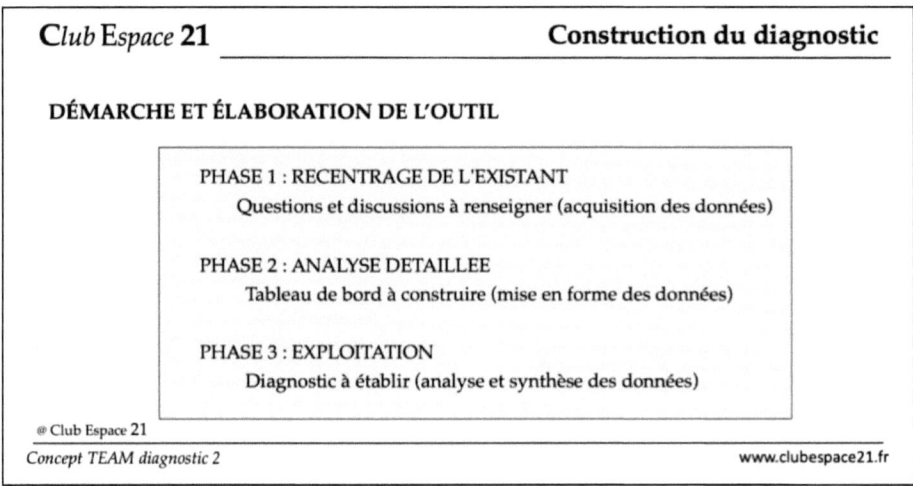

L'outil diagnostic TEAM (3-4)

Retour à l'essentiel pour déterminer les 2 champs fondamentaux : d'une part les objectifs et d'autre part les thèmes d'intervention.

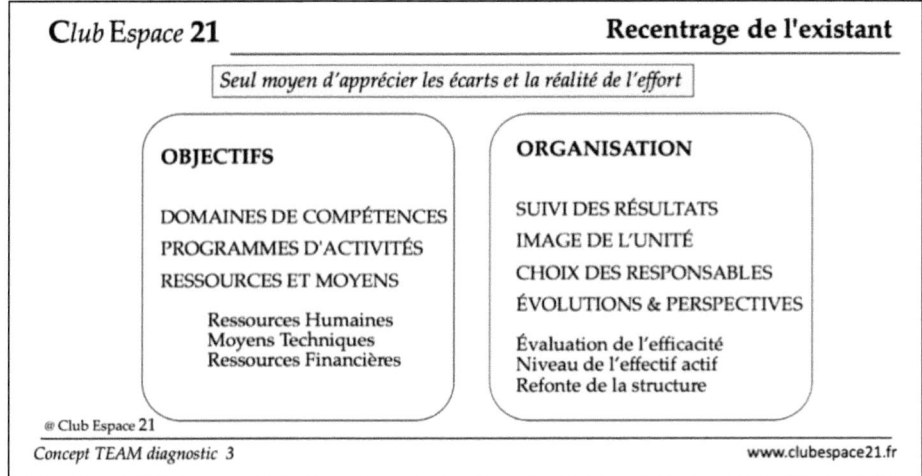

Examen de l'ensemble des paramètres à traiter en fonction des différents plans : Moyens, Puissance et Ressource.

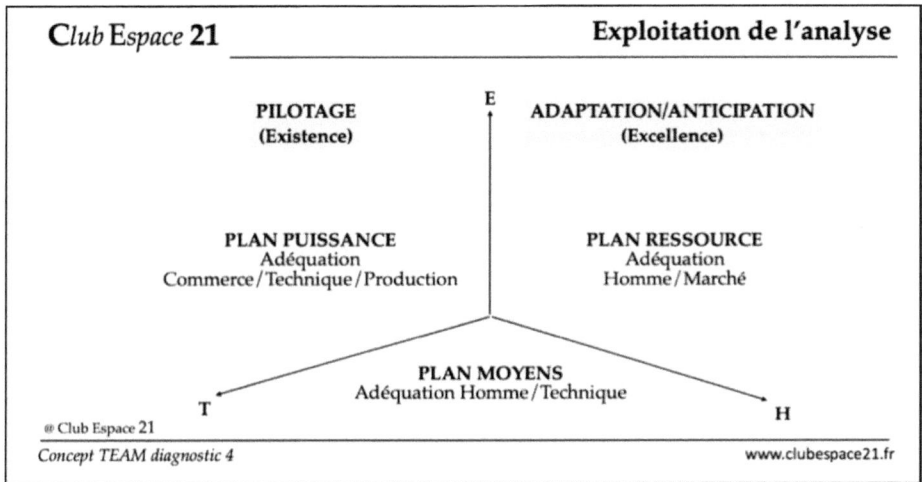

Seront à rassembler pour compléter le diagnostic les autres facteurs essentiels comme l'information, le passé et le changement.

Le passage à l'action (1-2)

Une étape décisive qui engage le manager responsable l'opération. L'interruption du processus, comme l'arrêt définitif sont toujours interprétés comme un échec. Surtout ne jamais oublier les fondamentaux.

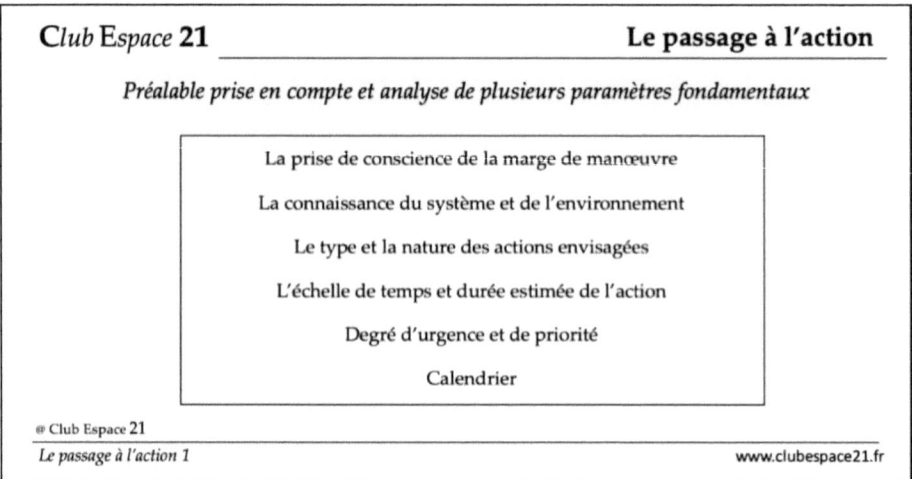

Le passage à l'action doit être mobilisateur. La responsabilité du passage à l'action ne se partage pas. C'est un acte unique qui requiert une vive attention.

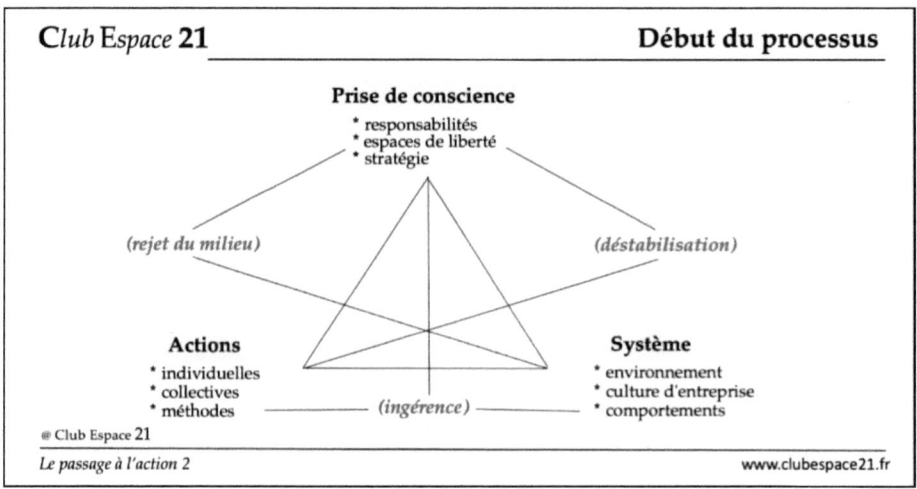

Le passage à l'action (3-4)

Des étapes décisives engagent le responsable de l'opération. L'interruption (hors situation exceptionnelle) du processus en cours, comme l'arrêt définitif de l'opération sont toujours interprétés comme un échec.

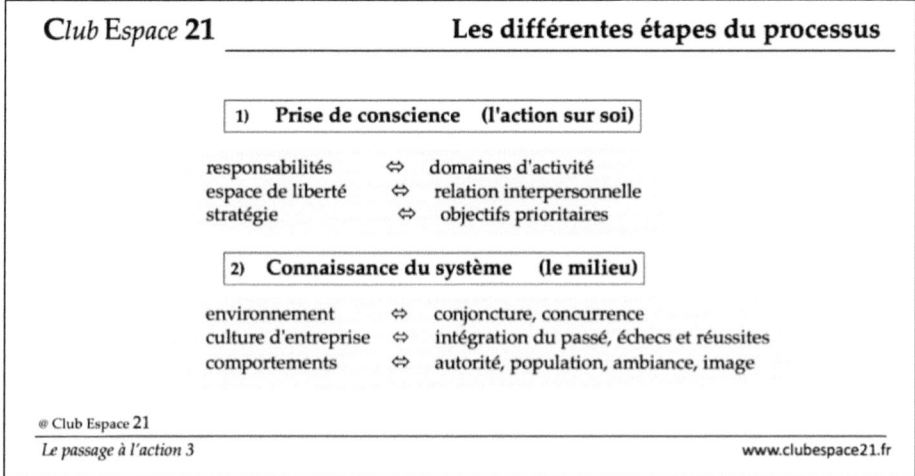

Dans tous les cas, le responsable de l'opération doit agir en s'appuyant sur ses propres connaissances, son expérience, sa relation aux autres et sa qualité de manager.

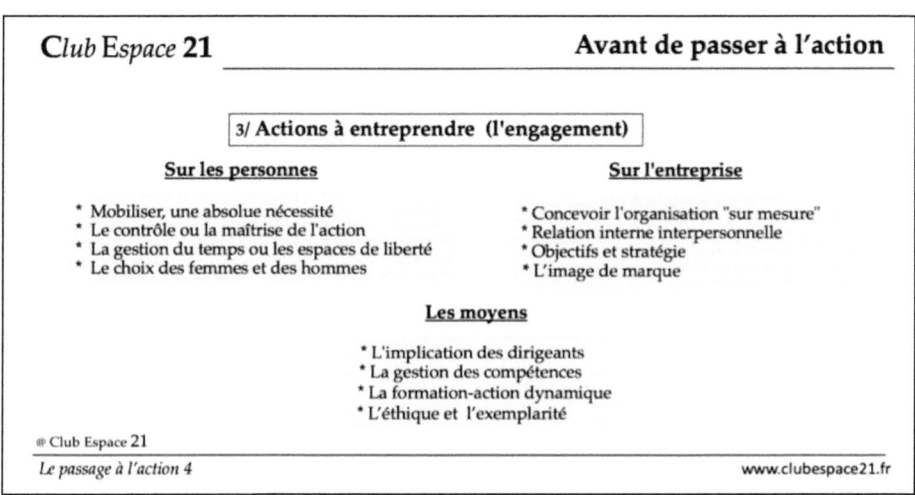

Responsabilité (1-2)

La prise de responsabilité est tout à la fois une récompense et une charge qui engage le manager dans la conduite de ses actions. Elle s'assimile à une délégation de pouvoir.

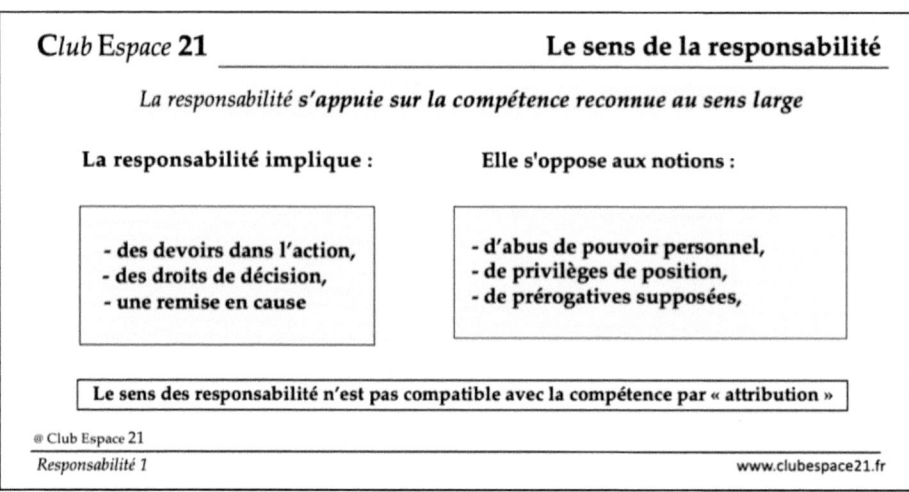

```
Club Espace 21                              Le sens de la responsabilité

     La responsabilité s'appuie sur la compétence reconnue au sens large

     La responsabilité implique :          Elle s'oppose aux notions :

       - des devoirs dans l'action,         - d'abus de pouvoir personnel,
       - des droits de décision,            - de privilèges de position,
       - une remise en cause                - de prérogatives supposées,

   Le sens des responsabilité n'est pas compatible avec la compétence par « attribution »

 @ Club Espace 21
 Responsabilité 1                                            www.clubespace21.fr
```

Si le passage à l'action est mobilisateur. La responsabilité dans l'action ne se partage pas quels qu'en soient la nature et l'auteur.

```
Club Espace 21                              Responsabilité dans l'action

     La notion de responsabilité est étroitement liée à la notion de devoirs.

                         Sur le plan professionnel :
                         Rappels de quelques fondamentaux

     - la sécurité des personnes et des biens    - la mobilisation de tout le personnel
     - le suivi des règles de fonctionnement    - l'aptitude et le mieux-être à la tâche
     - le respect de l'entreprise et des objectifs - la considération du travail de chacun
     - la fourniture et l'entretien des moyens  - la critique constructive

 @ Club Espace 21
 Responsabilité 2                                            www.clubespace21.fr
```

Responsabilité (3-4)

L'implication du manger est totale. Elle sous-entend un esprit d'équipe autour d'un objectif, propre à chacun, une relation aux autres et une communication sans faille.

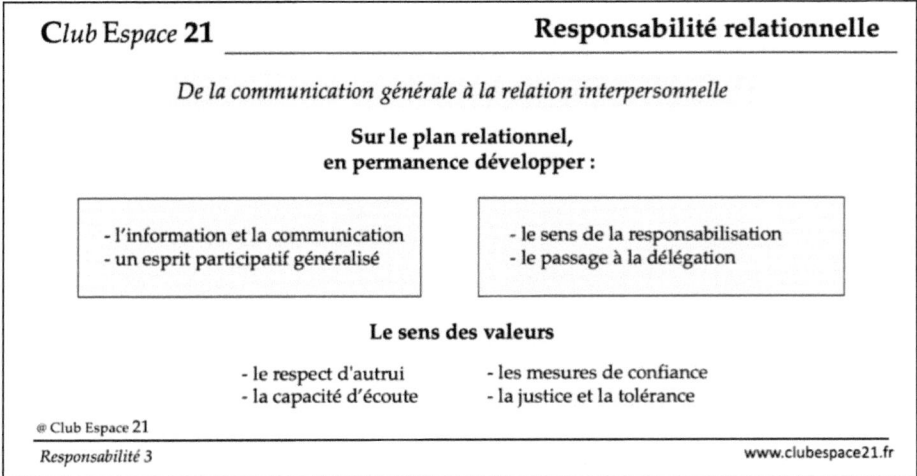

Être responsable, c'est être présent et assumer en permanence la conduite de l'action en toutes circonstances. Prendre conscience de ces multiples implications.

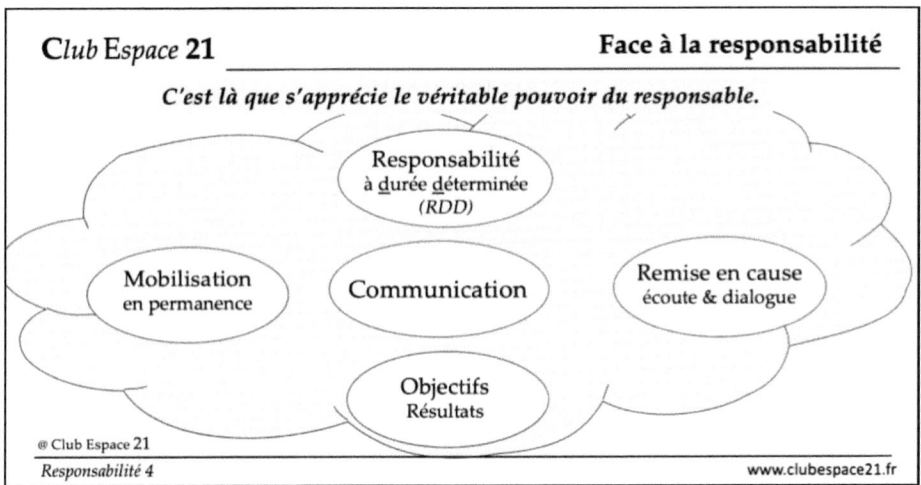

Ressources humaines (1-2)

Le potentiel d'une entité, organisation ou entreprise se mesure à la valeur de son capital humain. Le passage à l'action dépend avant de ses ressources humaines de sa diversité, de son talent et de sa motivation. Il faut l'entretenir, le respecter et le développer.

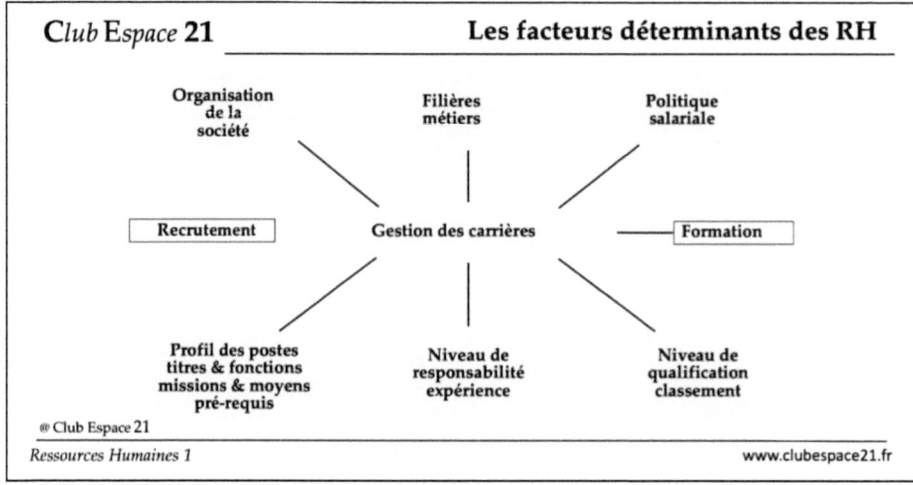

Si le passage à l'action est mobilisateur, les perspectives d'évolution de carrière doivent être transparentes pour l'ensemble des salariés. L'expérience interne ou celle venant de l'extérieur sont fondamentales.

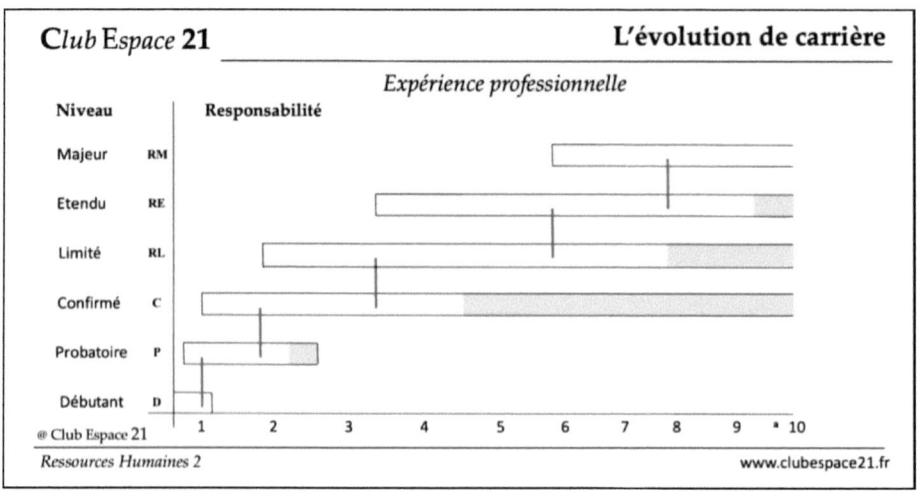

Ressources humaines (3-4)

Si la motivation est un ressenti personnel, la mobilisation est de la responsabilité du manager. Sa satisfaction doit s'exprimer dans son expression et par des signes de reconnaissance. Il y va de sa crédibilité et de l'équilibre de son équipe.

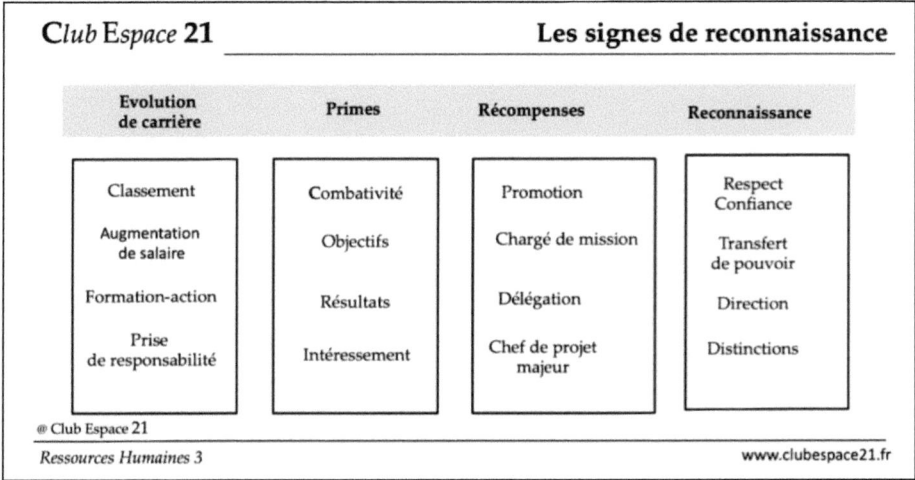

Être responsable de femmes et d'hommes, c'est les écouter, les comprendre et assurer son autorité dans l'action. La décision appartient au manager.

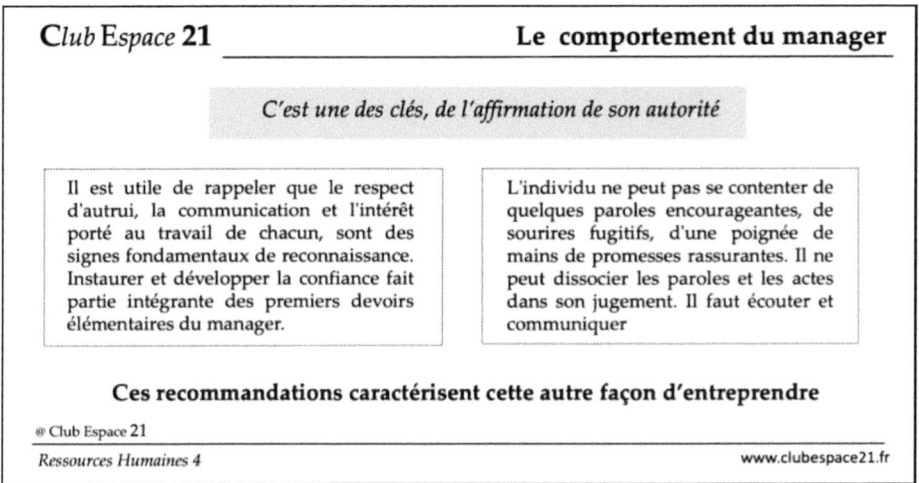

Le Système ou la Théorie des Bulles (1-2)

Quel que soit l'organisme, l'entreprise, le groupe ou l'entité de personnes qui, faute d'arguments, en quête de responsable des difficultés ne finissent pas par parler du système

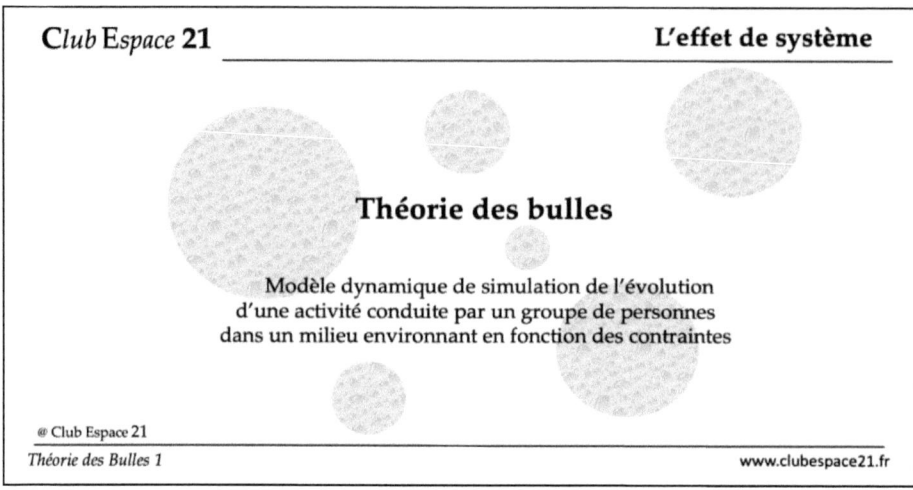

Pour un système fermé, uniquement perméable, l'équilibre dynamique local est fragile au passage à l'action quand la pression monte.

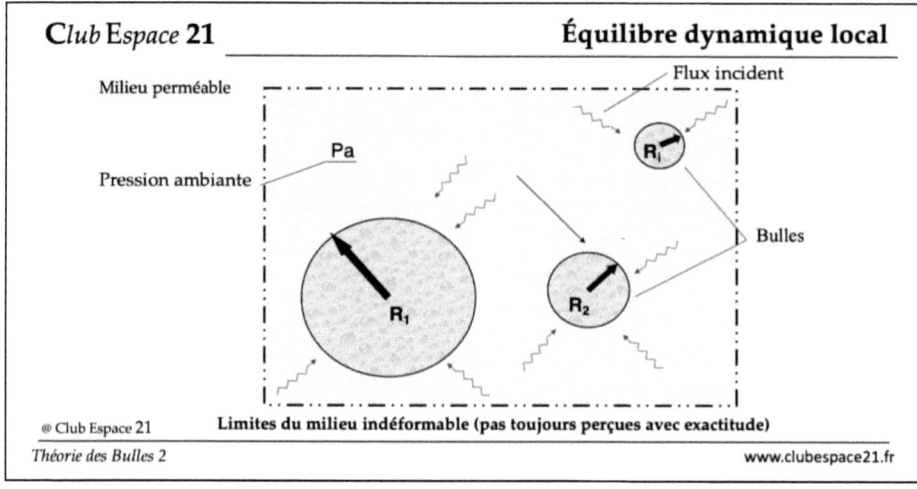

Le Système ou la Théorie des Bulles (3-4)

Comprendre et surveiller les éléments perturbateurs du système et leur impact sur les variations de pression.

Club Espace 21 — **Montée de la pression du système**

La pression d'un système perméable mais non extensible varie en permanence

Éléments perturbateurs	Influence et pression sur l'ambiance
L'information externe ou interne, particulière ou individuelle	Énergie interne de la bulle, taille, potentiel, expérience
La manière de communiquer, fond, forme, contenu	Énergie cinétique, expansion passage à l'action, résultats,
La désinformation, critique, doute	Conflits de responsabilités, personnels, ingratitude

Atouts et handicaps en fonction du pouvoir de position et comportement d'autorité

@ Club Espace 21
Théorie des Bulles 3   www.clubespace21.fr

La pression liée à l'ambiance générale de l'entité est de la responsabilité du manager

---

Club Espace 21 — **Comment maîtriser la pression ambiante**

La pression ambiante est un scalaire	En expansion progresser avec mesure
En conséquence ne pas chercher de direction privilégiée d'agression ou de bouc-émissaire.	La contre-réaction à une force de pression du système fait partie intégrante de l'histoire de la bulle.
L'influence du système n'est perceptible que par la force appliquée sur la bulle, proportionnelle à sa surface.	Sa capacité est fonction de son énergie interne, de son potentiel et de son expérience. Une reprise progressive est une solution préférable.
Maintenir, pour la bulle, une capacité suffisante d'absorption pour renforcer l'énergie interne.	Éviter des disproportions de tailles entre les bulles. Préférer l'autorégulation à la contrainte.

Les causes de surchauffe sont souvent inattendues, loin des simples relations de cause à effet

@ Club Espace 21
Théorie des Bulles 4   www.clubespace21.fr

Dépôt légal mai 2025